徹底分析

日本語能力試験

文法 2級

松岡龍美
辻　信代

国書刊行会

まえがき

　日本語能力試験の受験者は、現在、全世界で35万人以上に達しています。このうち２級の受験者は11万人にも上り、国内でも海外でも受験者は増え続けているのです。それは、日本語能力試験が、日本語の能力を測るときに現在最も適した試験であるということが広く認知されているためで、今後受験者は減ることなく増え続けるものと思われます。日本語能力試験は、日本語の資格試験として立派に機能しているのです。

　さて、このような現状を踏まえた上で、文法の試験の内容について言いますと、2000年から出題傾向が変わり、全36問のうち80％が、２級の文法事項から出るようになり、残りの20％は、３級文法の応用や１級に出題されたものと同じ問題、あるいは出題基準外からの出題となりました。つまり、「出題基準」の２級文法事項を勉強すれば、必ず合格できるということです。

　この『徹底分析日本語能力試験文法２級』は、過去の問題を分析し、今年出題される可能性が高い文法を「ズバリ」予想しています。もちろん、文法はすべて身につけてほしいと思いますが、特にもっと計画的かつ効率的に整理して勉強したい人に、この問題集を強くお勧めしたいと思います。「試験」なのですから、実力が正確にわかるためには、試験の「予想」など、できない方がいいのですが、受験者にとってはやはり試験の成績の１点は大きく、その後の人生を左右する重みを持っています。１点でも多く得点するために、そして、受験者の皆さんの日本語学習に役立つように、予想できるところを予想し、その予想を公開するべきだと考えました。

　皆さんの成績が１点でも上がるよう、お祈りしています。

2006年７月20日

著　者

目次

＊この問題集には別冊解答が付いています。

日本語能力試験 2 級文法の出題傾向

「日本語能力試験 2 級」の文法問題は 1 級と同様、全部で36問です。**問題Ⅳ、問題Ⅴ、問題Ⅵ**の 3 つに分けられています。

　問題Ⅳは、全20問です。主に接続表現の問題です。2004年、2005年の問題では、20問すべて接続の問題でした。

【問題Ⅳ】例題
不良品を売っていたメーカーに＿＿＿＿＿、批判の声が高まっている。
　1　沿って　　　　2　**対して**　　　3　かけては　　　　4　こたえて

　このように、 1 つの文の途中に使われる言葉を選ぶ問題です。この問題の正解は、「対して」ですが、このような文法表現は、「日本語能力試験出題基準」の「 2 級文法事項」から出題されます。実際には、2004年の問題では、20問のうち、15問＝75％がこの「 2 級文法事項」から出ています。後は、「 2 級敬語」から 3 問、そして「 3 級文法の応用問題」が 2 問です。2005年は19問95％で、 1 問は「こと」の応用問題でした。

　問題Ⅴ、問題Ⅵは、主に文の終わり、つまり文末表現の問題です。

【問題Ⅴ】例題
進学は自分の将来に関することだから、先生に頼ろうとする＿＿＿＿＿。
　1　はずではない　　　2　ことではない　　　3　**べきではない**　　　4　までではない

【問題Ⅵ】例題
もともとこの問題を提起したのは林さんである。したがって、林さんをぬきにして議論＿＿＿＿＿。
　1　しなければならない　　2　**してもしかたがない**　　3　した方がいい　　4　してもいい

　問題Ⅴは全10問で、 2 級出題基準から 9 問、出題基準外が 1 問の割合です。
　問題Ⅵは全 5 〜 6 問で、 2 級出題基準から 4 〜 5 問、出題基準外が 1 問の割合です。

　過去の問題を分析すると、次のことがわかります。(「傾向分析リスト」p.7 、p.97　参照)
①　全36問のうち、29問＝80％は、 2 級の出題基準から出る。
　　　　　　　　3 問＝ 8 ％は、 2 級の敬語表現から出る。
　　　　　　　　残りの 4 問＝12％は、出題基準外の問題である。
②　 2 年連続して出題される文法事項はほとんどない。 2 年前の問題が出る可能性も低い。
※ただし、次のように、ほとんど同じ形で 2 年続けて出題される場合もある。36問のうち 1 問だけ。
（2003年）あんなに喜んでいる**ところをみると**、彼の成績はかなり上がったにちがいない。
（2002年）笑顔だった**ところをみると**、すべてうまくいったにちがいない。
※試験の問題では、文の一部分が空白になっていて、そこに入る言葉を選ぶという問題になっています。ここでは、文の下線の部分が、そうです。上の2002年の例を見ても、太字部分の文法事項と、

下線の部分がちがっています。これは実際には、次のような形で出題されています。

　　問：笑顔だった＿＿＿＿＿をみると、すべてうまくいったにちがいない。　答：（ところ）

③　特に問題ⅤやⅥの文末表現では、「～わけではない」「～べきではない」「～ものではない」の
　　ように、否定表現の出題が多い。（2004年16問中11問＝約70％）

④　「こと」と「もの」は、必ず出題される。

以上、過去問題の分析結果から、

※まず、毎年必ず出る「こと」と「もの」の使い方を勉強すること。

※次に、出題基準の文法事項のうち、2003年以前に出題されたものを勉強すること。

※特に、2003年以前に出題された文末表現のうち、否定表現を勉強することから始めること。

という３つの点が大事だということがわかります。

　この問題集は、これまで何回も出題された重要な文法事項、出題される可能性が高い文法事項から
順番に構成されています。まず、この順番で勉強していってください。

《この本の構成》

◇この本は、「日本語能力試験　出題基準【改訂版】」に出ている２級の文法事項を「文末表現」と
「接続表現」に分けて、出題年の古い方から順番に構成されています。

◇それぞれの文法事項について、「接続」「意味」「例文」が示してあります。これを理解したら、と
なりのページの練習問題をしてください。練習問題は、文の前と後ろをつなぐ問題Ⅰ、そして、
（　　　）の中に適当な言葉を入れる問題Ⅱに分かれています。とてもわかりやすい問題です。

※ここに示してある「例文」は、過去に出題された実際の問題と同じではありません。同じ文ではあ
りませんが、同じ用法として、文の後に、出題年を示しました。

※「接続」は、主なものを示してあります。

◇練習問題の後は、「復習テスト」、実際の出題形式に対応した「予想問題」で、試験と同じ形式の問
題に挑戦してください。

◇「傾向分析リスト」は、過去に出題された文法事項を出題年の順番に分析した表です。これを見れ
ば、どの文法事項が出るか、だいたいの予想ができるでしょう。

◇この本には、「出題基準」以外の文法事項、それから、「１級（相当）」の文法事項も分析してあり
ます。それぞれ予想問題もありますので、復習をかねて挑戦してみてください。

　ここまで来れば、もう、100％、準備は完了です。自信を持って、後は試験を待つだけです。

傾向分析リスト《接続表現・機能別》

	2005	2004	2003	2002	2001	2000	1999	1998	1997以前
～にとって／～にとっての	★								★
～について／ついての									★
～において／～においても／～における					★			★	
～によって／～により／～による／～によれば		★							★★
～につれて／～につれ	★								★
～にしたがって／～にしたがい								★	★
～にともなって／～に伴う		★			★				★
～にあたって／～にあたり								★	★
～にかけて／～から…にかけて								★	★★
～にわたって／～にわたる／～にわたった					★				★
～に限り／～に限って／～に限らず			★			★			★★
～にくらべて／～に比べ									★
～にもとづいて／～に基づく／～に基づいた								★	★
～にそって／～に沿った／～に沿う						★			
～にかわって／～にかわり						★			
～にこたえて／～にこたえる				★				★	
～におうじて／～に応じた									★
～にさいして／～に際しての									★
～にかんして／～に関する						★			★
～にはんして／～に反する／～に反した			★					★	
～にたいして／～に対する		★			★				★★★
～につき				★					★
～にさきだち／～に先立つ			★				★		
～にしても／～にしたら／～にすれば									★
～にせよ／～にしろ			★					★	
～にかけては／～にかけても	★					★			★★
～にしては					★				★★★
～につけても／～につけ				★					★
～にかかわらず／～にかかわりなく				★	★				★
～をはじめ／～をはじめとする	★							★	★
～を問わず／～は問わず								★	★★
～を通して／～を通じて				★					★
～を中心に／～を中心として			★					★	
～をもとに／～をもとにして			★			★			
～をきっかけに			★			★			
～をこめて		★							
～を抜きにして／～はぬきにして		★					★		
～をめぐって／～をめぐる		★			★				★★
～はともかく／～はともかくとして		★						★	
～はもちろん／～はもとより	★				★	★			★
～もかまわず					★				
～として／～としては／～としても									★★★★
～としたら／～とすれば	★								★★

	2005	2004	2003	2002	2001	2000	1999	1998	1997以前
～というより								★	
～といえば／～というと／～といったら				★		★			★
～といっても	★				★				★
～とともに							★		★★
～とか	★								
～からといって									★
～からには／～からは									★
～からいって／～からいえば							★		
～から見れば／～から見て						★			
～からすると／～からすれば					★				★
～からして			★			★			
～てからでないと／～てからでなければ		★				★			
～かと思ったら／～かと思うと				★			★		
～か～ないかのうちに							★		★
～さえ／～にさえ／～でさえ					★	★			★
～さえ～ば		★					★		★★★
～ば～ほど		★							★★★
～ほど／～ほどだ		★			★★				★★★
～こそ	★								★
～だけの（ことはある）				★					
～だけあって／～だけに			★						★★★
～ばかりに				★				★	★
～ばかりか／～ばかりでなく			★		★		★		
～どころか									★★
～のみならず		★							★
～やら～やら								★	
～も～ば…も／～も～なら…も	★								★
～ながら									★★
～つつ／～つつも							★		★
～ように		★			★				★★★★
～とおり／～とおりに／～どおり	★								★
～くせに	★								★★
～かわりに							★		★
～ついでに	★					★			★★
～うちに／～うちは／～ないうちに				★	★		★		★★
～たびに／～たび			★						★★★
～ところを／～ところに／～ところへ			★	★					
～わりに／～わりには		★				★			★★★
～の末（に）／～た末（に）／～た末の			★						
～うえ／～うえに									★★★
～うえは							★		
～上（じょう）／～上は／～上も							★		
～うえで／～上の／～上での			★		★				★★
～せいで／～せいか			★					★	★★

	2005	2004	2003	2002	2001	2000	1999	1998	1997以前
～おかげで／～おかげだ				★					★★★
～一方で									★
～反面／～半面	★							★	
～際に／～際／～際は	★						★		
～以上／～以上は	★				★				★★★
～最中に／～最中だ				★					★
～て以来		★					★		
～あげく／～あげくに			★						★
～たとたん				★					★★
～たところ				★			★		★
～きり／～きりだ			★			★			★
～あまり／～のあまり	★			★					★★
～かぎり／～ないかぎり		★			★	★			★
～しだい	★				★		★		★
～しだいでは／～次第だ			★					★	
～かけの／～かけだ／～かける								★	★
～がちの								★	
～抜きで／～ぬきには／～ぬきの									★
～なんか／～など／～なんて							★		
～だらけ						★			★
～むけだ／むけの／むけに			(★)			★			★
たとえ～ても	★								★★★
～ものなら	★						★		
～ものだから				★					★★
～ものの		★				★			★
～ことなく								★	
～ことから							★		
～ことに／～ことには							★		
～ことで（出題基準外）						★			
～ことだから				★			★		★★
～ないことには（…ない）			★					★	★★

《文末表現・機能別》

	2005	2004	2003	2002	2001	2000	1999	1998	1997以前
～てしかたがない／～てしょうがない							★		★
～っこない						★			
～ほかない／～よりほかはない					★			★	
～というものではない					★			★	
～ずにはいられない	★			★					★★
～わけがない／～わけはない				★					★★
～しかない	★			★					★★★
～かねない	★			★					★★
～てたまらない	★			★					★★
～にちがいない	★			★				★	

	2005	2004	2003	2002	2001	2000	1999	1998	1997以前
～ないではいられない				★			★		
～どころではない／～どころではなく				★		★			★
～ないことはない				★		★			★
～ようがない／～ようもない				★	★			★	
～わけにはいかない			★						★★★
～ざるをえない			★						★★★
～きれない／～きる／～きれる			★					★	★
～にほかならない			★			★			
～てならない		★							★★
～ことはない		★					★		★
～にすぎない		★			★				★★
～ものではない		★			★				
～わけではない／～わけだ		★							★★
～べきではない／～べきだ	★	★					★		★★
～まい／～まいか		★							
～ものか									★
～かねる							★		★
～がたい			★						★
～うではないか		★							★
～ぬく	★								★
～かける／～かけだ								★	
～うる／～える／～えない							★		
～ものがある				★					
～おそれがある			★		★	★			★
～つつある		★				★			
～にきまっている			★	★				★	
～一方だ			★					★	★★
～くらいだ			★				★		
～ほどだ			★						
～きりだ			★						
～ぎみだ／～気味			★						
～かのようだ			★				★		★
～がちだ	★				★				★★
～ものだ／～たいものだ					★				★★
～というものだ	★			★					
～ことか	★					★			
～ことになっている	(★)				★				★
～ことだ					★			★	
～ということだ／～ということではない					★	★		★	★
～ないことはない				★		★			★
～ことはない			★				★		★

【こと：接続表現】

1　～ことに

接続：気持ちを表す形容詞「～い」＋ことに／「～な」＋ことに　例：悲しいことに／残念なことに

「動詞た形」＋ことに　例：おどろいたことに／こまったことに

意味：気持ちの原因を強調するときの表現

旅行が中止になって、残念だ＝残念なことに、旅行が中止になってしまった。

例文：興味深いことに、昔のゲームが再び人気だそうだ。（1999年）

困ったことに、相手の社長の名前がどうしても思い出せなかった。（1992年）

不思議なことに、彼はコーヒーを飲むと、眠くなるという。（1991年）

うたたび

2　～ことから

reasons for names of places.

接続：「普通形」＋ことから

意味：原因・理由を表す。特に、名前がつけられた理由を示すことが多い。

例文：大都市では少子化が進んでいることから、学校の数も減りつつある。（1999年）

このあたりは、高いビルがたくさん建っていることから、「高層ビル街」と呼ばれている。

彼は、知識が豊富であることから、みんなに「博士」と呼ばれている。

3　～ことなく

接続：動詞「辞書形」＋ことなく

意味：「休むことなく」＝「休ま」ないで➡一定の期間、「～しない」ことを強調した表現

例文：彼は試合まで1日も休むことなく練習を続けた。（1998年）

彼女は、だれとも結婚することなく、死ぬまで独身を通した。

彼は、一言もおしゃべりすることなく勉強していた。

4　～ことだから

I know this person well, because it's them they will surely behave like this.

接続：「人」＋の＋ことだから

意味：その人について、推測する表現➡「きっと～だろう」／「～にちがいない」

例文：だれに対しても親切な山田さんのことだから、困っている人を見て、助けずにはいられなかったのだろう。（2002年）

「まじめな山川さんのことだから、時間には必ず来ますよ。」（1999年）

成績優秀なA君のことだから、きっと合格するだろう。（1994年）

時間に正確な彼女のことだから、私が遅れたら怒るだろうな。（1992年）

5　～ことで　（出題基準外）

接続：動詞「た形」＋ことで

意味：そのことが原因で、状況が変わったことを表す。その「きっかけ」を示す。

例文：中田さんは、ピアノコンクールで優勝したことで、一般の人にも認められるようになった。

（2000年）

第１回　練習問題 【～ことに】～【～ことで】

Ⅰ　左と右を線で結び、文を完成させなさい。

(1) あの寝坊の田中君のことだから 　　a　この学校には同姓同名の人が３人もいる。
(2) この通りは外国人が多いことから 　　b　試験には合格できなかった。
(3) 残念なことに 　　c　信じていられたらいいのに……。
(4) 彼は、１日も休むことなく 　　d　二人の仲は前よりよくなった。
(5) けんかをしたことで 　　e　すぐ犯人が捕まった。
(6) うそつきのＡさんのことだから 　　f　有名になった無名の歌手。
(7) 防犯カメラに映っていたことから 　　g　毎朝ジョギングをしている。
(8) だれも疑うことなく 　　h　まだ、ふとんの中だろう。
(9) おもしろいことに 　　i　「国際通り」と呼ばれている。
(10) ＣＤが売れたことで 　　j　この話も事実ではないだろう。

Ⅱ　下の文の（　　　）の中に当てはまる言葉を □□□ の中から選びなさい。（＊＝答えは一つではありません。）

(1) 不思議なこと（　　　）、あの双子は全然似ていない。
(2) 会議では、社員の健康管理についていろいろな意見が発表されました。以上のこと（　　　）、わが社全体で、禁煙にすることになりました。＊
(3) 心配性の母のこと（　　　）、私が３日電話しないと「どうかしたの？」と連絡してくるだろう。
(4) ノーベル賞を受賞したこと（　　　）、田中さんは非常に忙しくなった。＊
(5) おどろいたこと（　　　）、小さいころからずっと一緒の友だちにプロポーズされた。
(6) 少年による犯罪が増えたこと（　　　）、法律を厳しくしようという意見もある。＊
(7) ケチなあの人のこと（　　　）、そんな高いものを買うはずがない。
(8) 彼は、川でおぼれていた人を助けたこと（　　　）、市長から感謝状を贈られた。＊
(9) 彼女はスピーチコンテストで一ヶ所も間違えること（　　　）、すばらしい発表をした。

1　に	2　から	3　だから	4　なく	5　で

13

6 ～ないことには

接続：動詞「ない形」＋ことには（…ない）➡二重否定の形で使われる

意味：～しなければ、今の状態は変わらない＝問題は解決できない。

例文：一度会ってみ**ないことには**、どんな人かわから**ない**だろう。（2003年）

　　　新しいタイプの伝染病が発見されたが、くわしい調査をし**ないことには**、対策がたてられ**ない**。（1998年）

　　　文章を書く前に、テーマをはっきりさせ**ないことには**、何も書け**ない**。（1994年）

　　　どんな所か、実際行ってみ**ないことには**、よくわから**ない**。（1993年）

【こと：文末表現】

7 ～ことはない　⇒ 10 ～ことだ（p.16）

接続：動詞「辞書形」＋ことはない

意味：～する必要はない。～しなくてもいい。

例文：毎日遅くまで、残業する**ことはない**。その分の給料は出ないのだから。（2004年）

　　　言われたとおりにやったのだから、結果が悪くてもあなたが謝る**ことはない**。（1999年）

　　　手術は成功したのだから、何も心配する**ことはない**。（1993年）

8 ～ないことはない

できるかどうか　*more likely*

接続：動詞・形容詞「ない形」＋ことはない（動詞「可能形」の「ない形」が多い）

意味：「できないことはない」＝「すこしできる／可能性はある」

　　　「行きたくないことはない」＝「行きたい気持ちが少しある」➡「0％ではない」

better for spoken ➡ ※なくはない＝ないことはない

例文：「スケートは、でき**ないことはない**けど、もう5年ぶりだから…。」（2002年）

　　　山川さんは、突然離婚してまわりをおどろかせたが、あの人の性格を考えると、理解でき**なくはない**。（2000年）

　　　映画に行きたく**ないことはない**んですが、今日は無理なんです。（1991年）

9 ～ないこともない

かのうせいが あるかどうか　*less likely*

接続：動詞・形容詞「ない形」＋こともない

意味：「わからないこともない」＝「すこしわかる」

　　　➡相手の「わかってほしい、～してほしい」という気持ちがあって、その理解を表す

例文：私も失業経験がありますから、あなたの苦労がわから**ないこともありません**。（1994年）

　　　時間さえあれば、協力し**ないこともない**んだが、なにしろ忙しすぎてね。

you know,

第 2 回　練習問題　【〜ないことには】〜【〜ないこともない】

Ⅰ　左と右を線で結び、文を完成させなさい。

(1) 考える時間をくれれば、　　　　　　　a　キミがあやまることはない。

(2) 相手が悪いんだから、　　　　　　　　b　おいしいかどうかわからない。

(3) 食べてみないことには、　　　　　　　c　結果は、わからない。

(4) 「旅行へ行きたくないんですか。」　　d　泣くことはないだろう、泣くことは。

(5) 実際にやってみないことには、　　　　e　お金を貸さないこともない。

(6) 相手によっては、　　　　　　　　　　f　理解できないこともない。

(7) いい大人が人前で　　　　　　　　　　g　解答できないこともない。

(8) あの時の彼の気持ちが　　　　　　　　h　「行きたくないことはないのですが、お金が……。」

Ⅱ　下の文の（　　　　）の中にあてはまる言葉を ▭ から選びなさい。

(1) 一人では心細いが、鈴木さんも一緒だというのなら、参加し（　　　　）。

(2) どんなにおいしそうな広告写真でも、食べてみ（　　　　）、味はわからない。

(3) いつまでもそんなに子どもを甘やかす（　　　　）。もう大きいのだから、一人でやらせなさい。

(4) 今のままでは難しいが、条件が変わればもう一度考え（　　　　）。

(5) 「いい別荘があるんですが。海辺で景色もよく、交通の便もよく、価格もまあまあで、ご希望に
ぴったりだと思うのですが、いかがですか。」
「そうね、いくらよくても、見てみ（　　　　）ね。」

(6) 妻と義理の母、つまり夫の母との関係は、私も経験があるからわから（　　　　）が、それだけで
離婚というのはちょっと早すぎるんじゃない？

(7) 交通事故を起こしたと言っても、あまりスピードは出ていなかったから、そんなに心配する
（　　　　）。

(8) 「韓国の人だから、キムチ作ったことがあるでしょう。作ってよ。」
「うーん、作れ（　　　　）けど、母に聞かないと……。ちょっと、待ってね。」

1　ないことはない／ないこともない　　2　ないことには　　3　ことはない

15

10 〜ことだ ⇒7 〜ことはない (p.14)

接続：動詞「辞書形」＋ことだ

意味：〜することが必要だ、〜する必要がある

例文：じょうぶな体になりたかったら、栄養のバランスを考えて食べることだ。(2001年)

　　　そんなにうまくできるかどうか、まず自分自身でやってみることだ。(1998年)

　　　日本の企業に就職するには、まず日本語を学ぶことだ。

11 〜ということだ

I heard / it means.

接続：「普通形」＋ということだ

意味：①〜だそうだ➡伝聞・情報を表す

　　　例：雨が降るということだ＝雨が降るそうだ

　　　②Aということは、Bということだ➡Aから理論的にBを導く表現

　　　例：二人とも O 型だということは、その子ども も O 型ということだ。

　　　③Aといっても、Bということではない。➡AとBの関係に法則性はないことを表す

　　　例：彼は日本語が上手だ。といっても、日本語の先生になれるということではない。

例文：予想では彼女の優勝はまちがいないということだ。(2001年)

　　　私は今、ダイエットをしている。といっても、チョコレートやケーキをまったく食べないということではない。(2000年)

　　　ホテルで火事があったが、客は全員無事だったということだ。(1998年)

　　　話によると、昔ここに学校があったということだ。(1992年)

12 〜ことになっている／〜こととなっている

接続：「普通形」＋ことに／ことと＋なっている

意味：〜ことに決められている、〜ことを守らなければならない➡規則を表す

　　　※〜ことにしている：個人的に〜ことを決めている➡個人的な判断・習慣を表す

例文：この教室には先生以外入ってはいけないことになっている。(2001年)

　　　予定では、1時までに京都駅に行くことになっている。(1996年)

　　　※他人が書いた解説を写しただけでは、レポートを書いたことにはならない。(2005年)

13 〜ことか

接続：「何度」「どんなに」「どれほど」など＋動詞「〜た」「〜ている」・「形容詞」＋ことか

意味：何度「やめよう」としたことか＝何度も「やめよう」とした

　　　どんなに「心配した」ことか＝とてもとても「心配した」

例文：いつも親に叱られている子どもにとって、ほめられるのがどれだけうれしいことか。(2005年)

　　　今まで何度禁煙しようと思ったことか。(2000年)

　　　1点足りなくて不合格だった時、どんなにくやしかったことか。

　　　恋人が入院したと聞いて、どれほど心配したことか。

第3回　練習問題 【～ことだ】～【～ことか】

Ⅰ　左と右を線で結び、文を完成させなさい。

(1)　遅刻しないようにと　　　　　　　　　a　値上げされるということだ。

(2)　来年から交通運賃が　　　　　　　　　b　「禁止」ということになっている。

(3)　学校では週20時間　　　　　　　　　　c　やってみることだ。

(4)　「できない」なんて言わずに　　　　　d　全員無事ということだ。

(5)　外国で病気になった時は　　　　　　　e　日本語を勉強することになっている。

(6)　バスの転落事故があったそうだが　　　f　何度、注意したことか。

(7)　教室での飲食は　　　　　　　　　　　g　どんなに不安だったことか。

(8)　文句を言われたくなかったら　　　　　h　きちんとやることだ。

Ⅱ　下の文の（　　　）の中にあてはまる言葉を　　　　　から選びなさい。（＊＝答えは一つではありません。）

(1)　相手に勝ちたかったら、毎日練習する（　　　　）。

(2)　去年中国へ旅行した時見た上海の夜景は、どれほど美しかった（　　　　）。

(3)　円が上がるということは、ドルが下がる（　　　　）。

(4)　この学校では、燃えるゴミと燃えないゴミを分けて出す（　　　　）。＊

(5)　世の中は信用が第一である。人を信用させるには、まず自分がうそをつかない（　　　　）。

(6)　あの先生の授業では、毎回レポートを書く（　　　　）。＊

(7)　先週、泥棒に入られた。幸い留守をしていたので大丈夫だったが、部屋にいたらと想像するだけでも、どんなに恐ろしい（　　　　）。

(8)　よく物忘れをするということは、年を取った（　　　　）。

```
1　ことだ　　2　ことか　　3　ことになっている　　4　ということだ
```

17

14　〜ものなら

接続：主に動詞「可能形」＋ものなら＋動詞「〜たい」／「〜てみたい」

意味：「できるならしたい」という希望や強い気持ちを表す➡現実はそうではない

　　　※父に「反対しよう」ものなら大変だ＝「反対したら」大変だ

例文：子どもが病気だと聞いた時は、できるものなら、すぐに看病に行ってやりたかった。(2005年)

　　　高校時代の自分に戻れるものなら戻ってみたい。(1999年)

　　　仕事が忙しいが、一番上の兄が結婚するので、国に帰れるものなら帰りたい。(1995年)

15　〜ものだから

接続：主に動詞「た形」＋ものだから

意味：理由を強調する表現➡「だから、しかたがないんです」という気持ちを表す

例文：めずらしいマンガが手に入ったものだから、早速帰りの電車の中で読んでみた。(2002年)

　　　「今日はみんなで温泉へ行こう」と、父が急に言い出したものだから家族はみんなおどろいてしまった。(1997年)

　　　傘を学校に忘れてしまったものだから、私はぬれて帰るしかなかった。(1991年)

16　〜ものの

接続：主に動詞「た形」＋ものの

意味：「〜た」ことは事実ですが、しかし……。

例文：今、人気の小説を読んでみたものの、どこがおもしろいのかわからなかった。(2004年)

　　　若者に人気の歌だというので聞いてはみたものの、私には若すぎた。(2000年)

　　　3日以内にレポートを出すと、先生には言ったものの、3日では無理だった。(1995年)

17　〜ものだ／〜ものではない　⇒ 19 〜というものだ (p.20)

接続：主に動詞「辞書形」＋ものだ／ものではない

意味：「〜する」のが一般常識である／「〜ものではない」＝「〜てはいけない」

例文：希望する大学に進学できなかったくらいで、そんなにがっかりするものではない。(2004年)

　　　暑い夏ほどエアコンは売れるものだと言われている。(2001年)

　　　小さい子を一人で買い物に行かせるものではない。(2001年)

　　　自分の感情をコントロールできる、それが大人というものです。(1994年)

18　〜たいものだ

接続：動詞「ます形」＋たいものだ

意味：「〜たい」という願望の強調表現➡常態化した強い願望を表す

　　　彼の親に会ってみたいものだ➡彼の言動にあきれているときの表現

例文：私は小学生のころから、大人になったら宇宙旅行をしたいものだと思っていた。(1993年)

第4回　練習問題 【～ものなら】～【～たいものだ】

Ⅰ　左と右を線で結び、文を完成させなさい。

(1) 出かける時に電話がかかってきた　　　　　　a　もどってみたい。

(2) 親は大事に　　　　　　　　　　　　　　　b　いたいものだ。

(3) 一人でできると言ったものの　　　　　　　c　ものだから、遅れちゃって、ごめん。

(4) いつまでも健康で　　　　　　　　　　　　d　するものだ。

(5) お年寄りには席を　　　　　　　　　　　　e　うっかり、まちがえちゃった。

(6) 「さよなら」と言ってしまったものの　　　　f　すぐにげんこつが飛んでくる。

(7) 若いころにもどれるものなら　　　　　　　g　やっぱり、無理だった。

(8) よく似ているものだから　　　　　　　　　h　ゆずるものだ。

(9) 一度でいいから、言いたいことを　　　　　i　全部、言ってみたいものだ。

(10) 父に反抗しようものなら　　　　　　　　　j　まだ、忘れられない。

Ⅱ　下の文の（　　　　）の中にあてはまる言葉を □□□ から選びなさい。

(1) プレゼントを渡そうと彼の部屋の前まで行った（　　　　）、ノックもできずに帰ってきた。

(2) 知っている人と道で出会ったら、ふつうあいさつをする（　　　　）。

(3) 「ごめんなさい。ここでたばこをすってはいけないと知らなかった（　　　　）。」

(4) 今はまだアパート暮らしだが、いつかきっと、庭付きの一戸建ての家に住んでみ（　　　　）。

(5) 彼は一流大学を卒業した（　　　　）、定職につかず、家でぶらぶらしている。

(6) 「すみません。夕べ遅くまで勉強していた（　　　　）、朝起きられなかったんです。」

(7) 母が留守の時は、私が食事を作ると言った（　　　　）、だんだん不安になってきた。どうしよう。

(8) 経験のある先輩の言うことは聞く（　　　　）。意見が違うからと言ってすぐに反対する（　　　　）。

(9) テレビや雑誌で、よくヨーロッパの有名な絵画を見るが、一度、本物を見てみ（　　　　）。

(10) 太っている彼女に「デブ」なんて言おう（　　　　）、殺されかねない。

1　ものなら	2　ものだから	3　ものの
4　ものだ	5　ものではない	6　たいものだ

19

19 ～というものだ

接続：主に「な形容詞」の語幹＋というものだ

意味：それは不公平というものだ＝「不公平」という言葉があてはまる

例文：人の話は聞かずに、自分で決めようとするなんて、それはわがままというものだ。（2002年）

　　　※この新しい電池は、水素の化学反応を利用しようというものだ。（2005年）

20 ～というものではない

接続：主に動詞「辞書形」＋というものではない

意味：勝てばいいというものではない＝勝てばいいと思っているかもしれないが、そうではない

例文：商品は、値段が安ければいいというものではなく、品質が第一である。（2001年）

　　　専門家の話によると、景気はすぐによくなるというものではないらしい。（1998年）

21 ～ものがある

接続：Aには＋主に動詞「辞書形」＋ものがある

意味：人を感動させるものがある＝人を感動させる特別な点が認められる

例文：彼女の歌声には、人の心を動かすものがある。（2002年）

　　　彼は、性格は別として、コンピューターの技術に関しては見るべきものがある。（1999年）

✓ 22 ～ものか

接続：主に動詞「辞書形」＋ものか／もんか

意味：できるもんか！＝絶対できない、無理だ、不可能だ ➜ 強く否定する時の表現

例文：あんなサービスの悪いホテルには二度と行くものか。（1997年）

　　　遊んでばかりいる彼が、合格できるものか。

【ところ】
23 ～ところを／～ところに／～ところへ

接続：「普通形」（主に動詞）・「～ている」＋ところを／ところに／ところへ

意味：「～ている」状況・様子に

例文：彼があんなに喜んでいるところをみると、試験に合格したにちがいない。（2003年）

　　　笑顔だったところをみると、仕事が成功したにちがいない。（2002年）

　　　ちょうど彼の話をしているところに、彼から電話がかかってきた。（未出題）

24 ～たところ

接続：動詞「た形」＋ところ

意味：行ったところ＝行ったら　※「～たところだ」➜「～た状況だ」（3級）

例文：田中さんのアパートへ遊びに行ったところ、るすだった。（2002年）

　　　美術館に問い合わせをしたところ、場所を案内してくれた。（1999年）

　　　インターネットで調べたところその会社は存在しなかった。（1996年）

　　　春休みも残すところあとわずかになった。（1997年）

　　　※残すところ＝残り　余すところ＝余り

第5回　練習問題 【〜というものだ】〜【〜たところ】

I　左と右を線で結び、文を完成させなさい。

(1)　ちょうど今、昼ご飯を　　　　　　　　　　a　不公平というものだ。

(2)　男女の給料差があることは　　　　　　　　b　わがままというものだ。

(3)　自分一人の意見を通そうというのは、　　　c　食べたところです。

(4)　あんなまずくて高い店、　　　　　　　　　d　というものではない。

(5)　何でも安ければいい　　　　　　　　　　　e　二度と行くものか。

(6)　勉強、勉強と言っても　　　　　　　　　　f　気持ちをおだやかにさせるものがある。

(7)　これから出かけようというところに　　　　g　長い時間やればいいというものではない。

(8)　もう70歳になる彼女の歌には　　　　　　　h　今やっと子どもが寝たところだから。

(9)　そんなバカなことが　　　　　　　　　　　i　友だちがやって来た。

(10)　子どもの創造力には　　　　　　　　　　　j　あいにく留守でした。

(11)　あなた、静かにして。　　　　　　　　　　k　あるものか！

(12)　用事があって、うかがったところ、　　　　l　大人でもおどろかされるものがある。

II　下の文の（　　　　）の中にあてはまる言葉を □□□ から選びなさい。

(1)　ちょうどみんなで彼の話をしている（　　　）、彼がやってきた。

(2)　あんななまけ者の彼が、試験に合格できる（　　　）。

(3)　アパートは、学校から近ければいい（　　　）。いつもだれかが遊びに来て、一人でゆっくりする時間が持てない。

(4)　パチンコをやっていた（　　　）、先生に声をかけられびっくりした。

(5)　人間はかならずしも、お金さえあれば幸せになれる（　　　）。

(6)　最近の彼女の成長ぶりには、目を見張る（　　　）。

(7)　先生、お忙しい（　　　）申し訳ありませんが、ちょっとお聞きしたいことがありまして……。

(8)　子どもがいくつになっても心配するのが、親（　　　）。

(9)　やつが言ったの？　うそだろう。　親友のあいつがそんなことを言う（　　　）。

(10)　電車の中で携帯電話で話している若者を注意した（　　　）、反対になぐられてしまった。

(11)　やった仕事に責任を持つのがプロ（　　　）。

(12)　特別にきれいな声ではないが、彼女の歌には、何か人をひきつける（　　　）。

1　ものか	2　ものがある	3　というものだ
4　というものではない	5　ところ／ところを	6　ところに

25 ～どころか

接続：「普通形」＋どころか

意味：雨が降るどころか＝「雨が降る」という予想や推測や期待とは反対に、現実はいい天気だ

例文：仕事がいそがしくて、レストランへ行くどころか食事をとる時間もない。（1997年）

　　　私は彼女を助けてあげたつもりなんですが、感謝されるどころか、いやがられました。
（1993年）

26 ～どころではない

接続：主に動詞「辞書形」＋どころではない

意味：旅行するどころではない＝「旅行する」ような状態・状況ではない

例文：友人が訪ねて来たのに、病気で寝ていて一緒に酒を飲むどころではなかった。（2002年）

　　　私は仕事でよく京都へ出張するが、いつも忙しくてお寺を見物するどころではない。（2000年）

　　　先週は試験勉強どころではなかった。初めて日本に来た友人をずっと案内していた。（1995年）

【わけ】

27 ～わけにはいかない

接続：動詞「辞書形」・「ない形」＋わけにはいかない

意味：行くわけにはいかない＝行くことはできない➡強い意志を表す

　　　行かないわけにはいかない＝絶対に行く！

例文：明日がしめきりなのだから、この仕事が終わるまで、帰るわけにはいかない。（2003年）

　　　もう夜の10時を過ぎているが、この仕事をやりかけのまま帰るわけにはいかない。（1995年）

　　　われわれは、彼の犯罪を見逃すわけにはいかないのである。（1992年）

　　　必ず行くと約束した以上、行かないわけにはいきません。（1990年）

28 ～わけがない

接続：主に動詞「可能形」・「辞書形」・「ない形」＋わけがない

意味：飛べるわけがない＝理論的に考えて「飛べる」可能性はない

例文：あの正直な彼が私にうそをつくわけがない。（2002年）

　　　いくら冷静な彼でも、家族の悪口を言われては平気でいられるわけがない。（1996年）

　　　こんな難しい問題は、いくら先生でも答えられるわけがない。（1993年）

29 ～わけではない

接続：「普通形」＋わけではない／「必ずしも」など＋わけではない

意味：できないわけではない＝「できない」と思うかもしれないが、そうではない。100％ではない。

例文：日本の子どもは家にいる時間が長いというが、必ずしも外で遊ばないわけではない。（2004年）

　　　私は旅行に行きたくないわけではないが、いろいろ考えているうちに、旅行に行けなくなっ
てしまうということが多い。（1994年）

　　　高級な店はいろいろあるが、高級な店がいい店だというわけではない。（1990年）

I　左と右を線で結び、文を完成させなさい。

(1) 親友が私の悪口を　　　　　　　　　　　a　言うわけがない。

(2) 日本に1年もいるのにカタカナどころか　　b　アルバイトを休むわけにはいかない。

(3) 人手が足りないので　　　　　　　　　　c　カラオケどころじゃない。

(4) 今、試験勉強中で　　　　　　　　　　　d　貸してくれるわけがない。

(5) 肉を食べずに残してしまったが、　　　　e　離婚したわけではない。

(6) すぐに返せない私に　　　　　　　　　　f　さからうわけにはいかない。

(7) あの人はヨットどころか　　　　　　　　g　「忙しくて、映画どころではないよ。」

(8) あの夫婦は別々に住んでいるが　　　　　h　嫌いなわけではない。

(9) 新入社員は上司の命令に　　　　　　　　i　ひらがなも書けない。

(10) 「ねえ、映画見に行かない？」　　　　　j　自家用飛行機も持っている。

II　下の文の（　　　）の中にあてはまる言葉を　□□□□　から選びなさい。

(1) 実際に会って説明を聞いてからでないと、その計画に賛成する（　　　）。

(2) せっかく友だちが誘ってくれたのだから、飲みに行きたいとは思うのだが、仕事がたまっていて、
お酒（　　　）。

(3) あの成績では国立大学（　　　）、私立の二流大学もあぶない。

(4) 内気で消極的な彼のことだから、恋人（　　　）、ガールフレンドもできない。

(5) こんな欠陥品、売れる（　　　）。

(6) まだ、可能性がない（　　　）のだから、もう少し様子をみてみよう。

(7) 「絶対言わない」と約束したからには、たとえ親でも言う（　　　）。

(8) 「ねえ、うちの車、もうだいぶ乗っているから、新車に買い換えない？」
「なに言ってるのよ。まだ、マンションのローンが大変なんだから、車（　　　）わよ。」

(9) そんな自分勝手な言い分が世間に通用する（　　　）。

(10) 彼は毎日勉強ばかりしているが、遊ぶことがきらいな（　　　）。

(11) 親にばかり負担をかける（　　　）。早く自分で生活する方法を考えなければ。

1　わけがない	2　わけではない	3　わけにはいかない
4　どころか	5　どころではない	

第1回　復習テスト

(1) 不思議な＿＿＿＿＿＿、試験が終わったら、ご飯をおいしく感じるようになった。
　　　1　ものに　　　　　2　ことに　　　　　3　ものから　　　　4　ことから

(2) この辺りは高いビルが建ち並んでいる＿＿＿＿＿＿、「高層ビル街」と呼ばれている。
　　　1　ことなく　　　　2　ことに　　　　　3　ことだから　　　4　ことから

(3) 図書館ではみんな、一言もおしゃべりする＿＿＿＿＿＿、静かに読書していた。
　　　1　しかなく　　　　2　わけなく　　　　3　ことなく　　　　4　ことで

(4) まじめな山本さんの＿＿＿＿＿＿、必ず会合には来ると思いますよ。
　　　1　ことで　　　　　2　ことから　　　　3　ことだから　　　4　ことに

(5) 田中監督は、去年の国際映画祭で受賞した＿＿＿＿＿＿、人々に知られるようになった。
　　　1　もので　　　　　2　はずで　　　　　3　ためで　　　　　4　ことで

(6) 彼がどんな人か、実際に会ってみない＿＿＿＿＿＿、よくわからない。
　　　1　ことには　　　　2　わけには　　　　3　ためには　　　　4　ようには

(7) あなたには責任がないのだから、あやまる＿＿＿＿＿＿。
　　　1　ものはない　　　2　ことはない　　　3　しかない　　　　4　ほかない

(8) 私も同じ経験をしたことがありますから、あなたの苦労がわからない＿＿＿＿＿＿。
　　　1　ということだ　　2　こともない　　　3　ことか　　　　　4　ものだ

(9) 日本の企業に就職するためには、まず日本語能力試験に合格する＿＿＿＿＿＿。
　　　1　ものか　　　　　2　ことか　　　　　3　ものだ　　　　　4　ことだ

(10) 地震で一時エレベーターが止まったが、客は全員無事だった＿＿＿＿＿＿。
　　　1　というものだ　　2　ということだ　　3　ことにしている　4　ことか

(11) この地域では、分別ゴミは週に2回、回収する＿＿＿＿＿＿。
　　　1　ことだ　　　　　2　ものだ　　　　　3ことになっている　4　ことか

(12) テレビのニュースに父の名前が出ていて、どれほどおどろいた＿＿＿＿＿＿。
　　　1　ことか　　　　　2　ものか　　　　　3　ことだ　　　　　4　ものだ

(13) 宇宙旅行に行ける＿＿＿＿＿＿行ってみたいと、私は思う。
　　　1　ものなら　　　　2　ものだから　　　3　ものから　　　　4　ものの

⒁ たまたま好きな歌手のコンサートのチケットが手に入った_____、学校を休んで出かけた。
　　1　ものなら　　　　2　ものだから　　　3　ものから　　　　4　ものの

⒂ 一週間で論文を書くと言った_____、とても一週間では無理だった。
　　1　ものか　　　　　2　ものの　　　　　3　ところに　　　　4　どころか

⒃ 小さい子どもに大人の映画を見せる_____。
　　1　ようでもない　　2　わけではない　　3　ことではない　　4　ものではない

⒄ ぜひ一度、世界一周旅行をしたい_____。
　　1　ものである　　　2　ことである　　　3　ものがある　　　4　ことがある

⒅ 自分中心に考えるのではなく、客観的に判断する。それが大人_____。
　　1　しかない　　　　2　ほかない　　　　3　というものだ　　4　というところだ

⒆ 彼が作った映画には、人の心を楽しくさせる_____。
　　1　ものがある　　　2　ことがある　　　3　というものだ　　4　ということだ

⒇ そんな弱い気持ちで、敵に勝てる_____。
　　1　ことだ　　　　　2　ことか　　　　　3　ものか　　　　　4　ものだ

㉑ 笑っている_____見ると、いい結果だったにちがいない。
　　1　とおりを　　　　2　ところを　　　　3　あまり　　　　　4　あげく

㉒ インターネットで調べた_____、その会社についていろいろなことがわかった。
　　1　きり　　　　　　2　以上　　　　　　3　ところ　　　　　4　どころか

㉓ いそがしくて、旅行へ行く_____、近くの公園へ行く暇さえない。
　　1　ばかりに　　　　2　だけに　　　　　3　ところが　　　　4　どころか

㉔ 先週は、家族に不幸があって、試験勉強_____。
　　1　わけがなかった　2　わけではなかった　3　ようがなかった　4　どころではなかった

㉕ 1級に合格するまで、日本語の勉強を途中でやめる_____。
　　1　ようがない　　　2　わけにはいかない　3　ほかない　　　　4　しかない

㉖ いくらじょうぶな体でも、こんなに働いて、平気でいられる_____。
　　1　べきではない　　2　ことはない　　　3　わけがない　　　4　わけにはいかない

㉗ 私はよくバーゲンセールへ行くが、安ければ何でもいい_____。
　　1　べきではない　　2　わけにはいかない　3　しかない　　　　4　というわけではない

【よう】

30　〜ように

接続：主に動詞「可能形」・「辞書形」・「ない形」＋ように＋「動詞」

意味：忘れないようにメモをする＝忘れてはいけないので「忘れない」ことを期待してメモをする

例文：子どもが病気にならないように、親はいつも気をつけている。（2004年）

このホールは、2階の座席でもよく聞こえるように設計されている。（2001年）

黒板に書くときは遠くからでも見えるように大きく書きます。（1997年）

小学生にもわかるように、この本はやさしいことばで説明してあります。（1994年）

火事が起こると、自動的にベルが鳴るようになっています。（1993年）

31　〜ようがない／〜ようもない

接続：動詞「ます形」＋ようがない

意味：答えようがない＝答える方法がない、答えられない➡不可能だ

※どうしようもない＝何もできない

例文：競技場の観客席にはゴミがたくさん散らかっていて、一人で全部集めようもない。（2002年）

なぜ酒がやめられないのかは、説明のしようがない。（2001年）

彼女がその手紙を読み終えた時の表情は、たとえようがないものだった。（1998年）

【から】

32　〜からには　⇒161　〜以上　(p.82)

接続：主に動詞「辞書形」・「た形」＋からには

意味：約束したからには＝「約束した」のだから、当然、「がんばる」という意志・願望を表す

例文：みんなで話し合って決めたからには成功するようにがんばろう。（1997年）

彼に頼まれた仕事だが、引き受けるからには全力でやろう。（1996年）

やるからには、自分一人でやりたいと思います。（1990年）

33　〜からすると

接続：「名詞」＋からすると

意味：彼の表情からすると＝「彼の表情」から考えると

例文：さっきの態度からすると、彼は私にあやまる気はなさそうだ。（2001年）

話し方からすると、彼は、田中さんのことを知らないようだ。（1992年）

34　〜からして

接続：「名詞」＋からして

意味：お金持ちは乗っている車からして特別だ＝「車」だけを見ても、考えても特別だ

例文：私は彼のことが大嫌いだ。あいさつのし方からしてがまんできない。（2003年）

田中さんの企画は、プロジェクトチームの名前からして独特だ。（2000年）

Ⅰ　左と右を線で結び、文を完成させなさい。

(1)　約束したからには、　　　　　　　　　　a　メモをとる。

(2)　忘れないように　　　　　　　　　　　　b　はでだ。

(3)　あの人は服の色からして　　　　　　　　c　女性のようだ。

(4)　話し声からすると、　　　　　　　　　　d　やります。

(5)　よく見えるように　　　　　　　　　　　e　自殺のようだ。

(6)　住所も電話番号も知らないのでは、　　　f　歩き方からして普通の人と違う。

(7)　やると言ったからには、　　　　　　　　g　守らなければならない。

(8)　現場の状況からすると、　　　　　　　　h　メガネをかける。

(9)　あの人はとても上品だ。　　　　　　　　i　彼の家を探しようがない。

Ⅱ　下の文の（　　　　）の中にあてはまる言葉を □□□ から選び、必要な場合は適当な形にしなさい。（＊＝答えは一つではありません。）

(1)　スポーツマンの鈴木さんは、乗っている車（　　　　）スポーツタイプだ。

(2)　彼女のあのがっかりした様子（　　　　）、テストの点は悪かったようだ。

(3)　課長に会議の書類をそろえる（　　　　）言われた。

(4)　酒によっぱらって、気がついたらさいふがなくなっていたが、今からではどうし（　　　　）。

(5)　自分一人でやるといった（　　　　）、最後まで責任を持ってやります。

(6)　神様、どうか第一希望の学校に進学できます（　　　　）。

(7)　この地図（　　　　）、田中さんのうちはあの角の赤い屋根の家だ。

(8)　留学する（　　　　）、短期間でその国の言葉が覚えられるように努力しよう。

(9)　大雨で川の水が増し、流されている人を見たが、流れが早すぎて、みんな助けたくても助け（　　　　）。＊

```
　1　ように　　　2　ようがない　　3　ようもない
　4　からには　　5　からすると　　6　からして
```

35 ～から見れば

接続：主に「人称名詞」＋から見れば

意味：学生から見れば＝「学生」の立場から考えれば

例文：絵を習い始めてまだ2年目の私から見れば田中さんの花の絵は実に見事なものだ。（2000年）

　　　林さんは、学生から見ればとても厳しい先生らしいが、娘にとってはとても甘い父親だ。

36 ～てからでないと

接続：動詞「～て」＋からでないと＋（…ない）

意味：見てからでないと決められない＝「見る」以前は、決められない。

例文：となりのうちでは、宿題を終わらせてからでないと、ご飯を食べさせてもらえないらしい。

　　　（2004年）

　　　具体的な予算の説明を聞いてからでないと、その計画には賛成できません。（2000年）

37 ～からいって

接続：「名詞」＋からいって（言って）

意味：入場者の数から言って＝「入場者の数」から考えると

例文：わが社の現状から言って、2年以内にその計画を実行するのは不可能だ。（1999年）

　　　入場者の数からいって、この展覧会は成功だったと思われる。

38 ～からといって

接続：「普通形」＋からといって

意味：頭がいいからといって＝「頭がいい」という理由だけでは、十分ではない。

例文：くわしい計画を聞いたからといって、すぐに実行できるというものでもない。（1996年）

　　　いくら貯金がたくさんあるからといって、使いすぎるのはよくない。（1993年）

【さえ】

39 ～さえ…ば

接続：「名詞」＋さえ…ば

意味：お金さえあれば＝「お金」が問題だ。「お金」だけ「あれば」他は関係ない➡条件の強調

例文：最近、自分さえよければ、他人は関係ないという考えの人が増えている。（2004年）

　　　住所と名前さえわかればいいので、生年月日は書かなくてもいいですよ。（1999年）

　　　天気さえよければ、スポーツ大会は行われるでしょう。（1994年）

　　　マスコミに名前さえ出なければ、問題はないだろう。（1992年）

40 ～さえすれば

接続：動詞「ます形」＋さえすれば

意味：お金がありさえすれば＝「お金がある」こと、それだけが問題だ。後は、だいじょうぶだ。

例文：雨がやみさえすれば、試合は続けられるんですが。（1990年）

　　　漢字の意味がわかりさえすれば、日本語はむずかしくないのだが……。

第8回　練習問題 【～から見れば】～【～さえすれば】

I　左と右を線で結び、文を完成させなさい。

(1)　今の世の中、お金さえあれば　　　　　　　a　いい子なのだが。

(2)　アメリカ人だからといって　　　　　　　　b　他人の物を盗んではいけない。

(3)　実際に会ってからでないと　　　　　　　　c　まだまだ子どもだ。

(4)　うちの子は、親の目からみれば　　　　　　d　いい人かどうか言えない。

(5)　うちの子は、勉強さえすれば　　　　　　　e　何でも買える。

(6)　お金がないからといって　　　　　　　　　f　英語がしゃべれるとは限らない。

(7)　あなたさえいてくれれば　　　　　　　　　g　一番きれいに見えるかなあ。

(8)　どの角度から見れば　　　　　　　　　　　h　テニスの試合はできる。

(9)　初級ができてからでないと　　　　　　　　i　私はしあわせだ。

(10)　雨がやみさえすれば　　　　　　　　　　　j　家を買うなんて夢の夢だ。

(11)　うちの経済状態からいって　　　　　　　　k　当社では実現できない。

(12)　すばらしい企画だが、現状からいって　　　l　中級へは進めない。

II　下の文の（　　　）の中にあてはまる言葉を　□□□　から選びなさい。

(1)　あの人は才能があるそうだが、私の目（　　　）まだまだ一流の画家とは言えない。

(2)　暑い（　　　）、冷房の中にずっといるのは体によくない。

(3)　この薬を飲み（　　　）、痛みがなくなります。

(4)　日本留学試験の結果を見て（　　　）、進学先は決められない。

(5)　彼は暇（　　　）あれば、パソコンに向かっている。目を悪くしなければいいが。

(6)　仕事がいやだ（　　　）、毎日会社をサボってばかりはいられない。

(7)　どちらかが「悪かった」と一言、言い（　　　）、二人は仲直りできるのに。

(8)　あんなに練習したのだから、緊張（　　　）しなければ、失敗しないはずだ。

(9)　わが家の経済状態（　　　）、やはり車を買うなどということはありえないだろう。

(10)　隣の奥さんの言い方（　　　）、どうも先にけんかを売ったのはうちの主人のようだ。

(11)　フランス料理の修業をして10年、本人はまだまだだと言っているが、私（　　　）、そろそろ独立してお店を持ってもいいころだと思う。

(12)　あのカメラ、デザインはいいが、実際に使って（　　　）、いいかどうかわからない。

(13)　人材が足りないと言っても、会社の実情（　　　）、もう一人社員を雇うのは無理だろう。

1　さえ	2　さえすれば	3　から見れば
4　からといって	5　からいって	6　からでないと

41　～さえ／～にさえ／～でさえ

接続：「名詞」＋さえ／「名詞」＋に＋さえ／「名詞」＋で＋さえ

意味：「～も」と同じ意味。強調表現。あいさつさえ＝あいさつも　大人にさえ＝大人にも

例文：日本に来たばかりのときは、買い物さえ一人でできなかった。（2001年）

　　　高校生にさえむずかしいと言われた問題を小学生が解いてみせた。（2000年）

　　　子どもでさえ知っているようなことを知らないなんて、恥ずかしいよ。（1991年）

【うえ】

42　～うえで

接続：動詞「た形」＋上で

意味：よく調べた上で＝まず先に「よく調べて」、それから……

例文：私が先生方のご意見をうかがったうえで、学生のみなさんにご報告いたします。（2003年）

　　　参加する者の希望をよく聞いたうえで、旅行のコースを決めたいと思います。（2001年）

　　　実際に、部屋の中を見たうえで、そのアパートを借りるかどうか決めたい。（1996年）

　　　家族と相談したうえで、できるだけ早くご返事します。（1992年）

43　～うえは　⇒ 32　～からには　(p.26)／161　～以上　(p.82)

接続：動詞「た形」＋上は

意味：みんなに知られた上は＝「知られた」のだからしかたがない（今の状況を変えなければならない）

例文：事態がこうなったうえは、もう彼一人では解決できない。（1999年）

　　　銀行の貯金も残りわずかとなった。こうなった上は、アルバイトを始めるしかあるまい。

44　～うえに

接続：主に「形容詞」＋上に／状態を表す動詞「～ている」＋上に

意味：気温が高い上に湿度も高い＝「気温が高い」だけでなく、しかも「湿度も高い」

例文：彼は責任感が強いうえにいつも相手の気持ちを考えるのでクラスメートから信頼されている。

　　　（1997年）

　　　この手続きは、面倒なうえに費用もかかるので、不満に思っている人が多い。（1995年）

　　　この作文は間違いが多いうえに字もきたないので、読みづらい。（1991年）

45　～上

接続：「名詞」＋上　例：教育上　政治上　仕事上　外見上　※一身上の都合

意味：子どもの教育上＝「子どもの教育」に関係する点で

　　　見かけ上＝「見かけ」だけでは、見ただけでは＝外見上

例文：こんなによく似ていると、どちらが本物なのか、見かけ上区別がつかない。（1999年）

　　　ゲームの中には、教育上よくないものもある。

　　　このたび、一身上の都合により、会社をやめることになりました。

Ⅰ　左と右を線で結び、文を完成させなさい。

(1)　あの人は頭がいいうえに　　　　　　　　a　ご返事します。

(2)　父と相談したうえで　　　　　　　　　　b　黒字なのだが、実際は……。

(3)　こんなまずいものは、　　　　　　　　　c　スポーツも得意だ。

(4)　書類上は　　　　　　　　　　　　　　　d　こうなったうえは新しい仕事を探すしかない。

(5)　外見上、きれいに見えるが、　　　　　　e　犬さえ食べないだろう。

(6)　あの店は安いうえに　　　　　　　　　　f　大事なのはコミュニケーション能力だ。

(7)　外国で生活するうえで　　　　　　　　　g　書けない。

(8)　二人の間に子どもができたうえは、　　　h　中はあまりきれいではない。

(9)　20年勤めた会社が倒産した。　　　　　　i　量も多いから、若者に人気がある。

(10)　彼は、まだひらがなさえ　　　　　　　　j　もう結婚するしかない。

Ⅱ　下の文の（　　　）の中にあてはまる言葉を　　　　　から選びなさい。

(1)　ごちそうになった（　　　）、お土産までもらった。

(2)　理論（　　　）は、そうかもしれないが、実際はどうかわからない。

(3)　夫の浮気がわかった（　　　）、もう離婚するほかありません。

(4)　双方の意見を聞いた（　　　）、結論を出しましょう。

(5)　敬語というのは本当に難しい。日本人で（　　　）上手に使えるとは限らない。

(6)　これは二国間の外交（　　　）の問題だ。

(7)　教授で（　　　）解けない問題が私に解けるわけがない。

(8)　日本語を勉強する（　　　）一番難しいのは、助詞の使い方でしょう。

(9)　この料理は材料が多い（　　　）、手間もかかるので大変だ。

(10)　新製品の発売が延期になった（　　　）、今後の対策を至急考えなければならない。

1　うえで	2　うえは	3　さえ	4　うえに	5　上_{じょう}

46　〜かのようだ

接続：「普通形」＋か＋のようだ

意味：生きているかのようだ＝まるで「生きている」ようだ、本当に「生きている」と思うぐらいだ

例文：この女の子の人形はとてもよくできていて、生きているかのようだ。（2004年）

　　　彼女がほほえむと、空に太陽がのぼったかのようにまわりが明るくなった。（1999年）

　　　まだ10月の初めなのにとても寒く、まるで冬になったかのようだ。（1993年）

47　〜かと思ったら／〜かと思うと

接続：主に動詞「た形」＋かと思ったら／かと思うと

意味：寝たかと思ったら泣きだした＝「寝た」と思ったのに（急な変化にびっくりしているようす）

例文：うちの息子は、そそっかしくて、家を出たかと思うとすぐ忘れ物を取りに帰ってくる。（2003年）

　　　妹は、さっき宿題を始めたかと思ったら、もうマンガを読んでいる。（1999年）

48　〜かといえば　⇒133　〜といえば　(p.68)

接続：「普通形」＋か＋といえば

意味：やせたかといえば＝「やせる」ことが予想されるが、実はそうではない

例文：地図を忘れて出かけたが、困ったかといえば、それほどでもなかった。（2002年）

　　　ダイエットのためご飯の量を減らしたが、やせたかといえば、逆にふとってしまった。

49　〜か〜ないかのうちに

接続：動詞「辞書形」＋か＋動詞「ない形」＋かのうちに

意味：ドアが開くか開かないかのうちに＝「開く」と、すぐに➡次の動作がとても速い様子

例文：修学旅行の日の朝、娘はとてもうれしそうにしていた。「いってきます」と言い終わるか終わらないかのうちに玄関を飛び出していった。（1999年）

　　　先生の話が終わるか終わらないかのうちに、教室を出ようとする学生もいる。（1994年）

50　〜かぎり／〜かぎりは／〜かぎりでは

接続：主に動詞「辞書形」・「可能形」＋かぎり／かぎりは／かぎりでは

意味：日本にいるかぎり＝「日本にいる」という条件の中では、その条件の限界まで

例文：思いつくかぎりのアイデアはすべて文書にして、社長に提出した。（2004年）

　　　私の知っているかぎりでは、彼はまじめで正直な人物だ。（2001年）

51　〜ないかぎり

接続：動詞「ない形」＋かぎり

意味：病気にならないかぎり＝「病気にならなければ」➡強調表現

例文：何か対策を立てない限り、この会社の株が上がることはないだろう。（2000年）

　　　このあたりは女性でも、夜遅く一人で歩かないかぎり、安全である。（1995年）

Ⅰ　左と右を線で結び、文を完成させなさい。

(1)　授業終了のベルが鳴るか鳴らないかのうちに、　　　　　a　「わかりません」と言われた。

(2)　うなずいていたのでわかったのかと思ったら、　　　　　b　もう、彼はいびきをかいていた。

(3)　私の知るかぎりでは　　　　　　　　　　　　　　　　　c　学生は教室を出て行った。

(4)　いいことが続き、　　　　　　　　　　　　　　　　　　d　彼女はまだ結婚していないはずだ。

(5)　経済が発展して生活が楽になったかといえば、　　　　　e　病気はよくならないだろう。

(6)　うちの子は「ただいま」と言ったかと思ったら、　　　　f　ご飯だけは食べさせてもらえる。

(7)　親といっしょに生活するかぎり、　　　　　　　　　　　g　まるで夏が来たかのようだ。

(8)　病気でないかぎり、　　　　　　　　　　　　　　　　　h　一度に春が来たかのようだ。

(9)　「お休み」と言ったか言わないかのうちに、　　　　　　i　そうではなく、日本人は今も忙しい。

(10)　薬を飲まないかぎり、　　　　　　　　　　　　　　　　j　もうテレビゲームをやっている。

(11)　まだ、4月の初めなのにとても暑い。　　　　　　　　　k　今の会社は休めない。

Ⅱ　下の文の（　　　　　）の中にあてはまる言葉を 　　　　　 から選びなさい。

(1)　女の子は難しい。さっきまで笑っていた（　　　　）、急に泣き出し、泣きやんだ（　　　　）、怒っている。どうなっているの？

(2)　私はそばにいただけなのに、まるで犯人である（　　　　）に見られた。

(3)　医者のみる（　　　　）では、父の病気は大したことはないようだ。

(4)　練習を終えたサッカー部の学生は「いただきます」と言い終わるか終わらない（　　　　）、ご飯を口に入れていた。

(5)　今の大学は学生数が減っている。今後、留学生を受け入れ（　　　　）、経営は困難になるだろう。

(6)　子どもを置いて妻が旅行に出かけたが、大変だった（　　　　）、それほどでもなかった。

(7)　電車がホームに入り、ドアが開くか開かない（　　　　）、彼は飛び出して行った。

(8)　いいことが重なって起きると、「まるで盆と正月が一緒にやってきた（　　　　）だ」と言う。

(9)　私の聞く（　　　　）では、彼女は今年結婚しないそうだ。

(10)　一人で生活でき（　　　　）、大人とは言えない。

(11)　不景気で仕事がひまになった（　　　　）、以前よりかえって忙しくなってしまった。

1　かのよう	2　かのうちに	3　かとおもったら
4　かといえば	5　かぎり	6　ないかぎり

52 〜にかぎって／〜に限り

接続：「名詞」＋に＋かぎって／にかぎり

意味：旅行の日にかぎって雨が降る＝「旅行の日」だけ特別に

女性にかぎり＝女性だけ、女性の場合だけ

例文：大切な会議があるので早く行かなければならない時にかぎって、電車が遅れる。（2003年）

応募してくださった皆様の中から100名様にかぎり、すてきな賞品をさし上げます。（2000年）

53 〜に限らず

接続：「名詞」＋に＋かぎらず

意味：女性に限らず男性も＝「女性」だけではなく「男性」も

例文：山本さんは子どものころ、ピアノに限らずバイオリンも上手だったそうだ。（1995年）

日本国内にかぎらず、世界中の日本語学習者が日本語能力試験を受験している。

54 〜に限る

接続：主に動詞「辞書形」・「ない形」＋にかぎる

意味：ケンカはしないにかぎる＝「ケンカはしない」のが一番いい

例文：仕事に失敗して疲れた時は、寝るに限ります。（1994年）

他人の悪口は言わないにかぎる。

55 〜とは限らない

接続：「普通形」＋とはかぎらない

意味：金持ちが幸せとは限らない＝100％「幸せ」ということではない、例外が考えられる

例文：親がスポーツ選手だからといって、子どもも運動が得意だとはかぎらない。（1992年）

日本語能力試験に合格したからといって、日本の大学に入れるとはかぎらない。

【〜しかない】

56 〜しかない

接続：動詞「辞書形」＋しかない

意味：歩いて帰るしかない＝「歩いて帰る」以外に方法はない、「歩いて帰る」だけだ

例文：手伝ってくれる人はいないのだから、もう自分で作るしかない。（2005年）

ここまで来たらもう実行するしかないのに、君はまだ議論するというのか（2002年）。

急に雨が降ってきた。かさもないし、バスもなかなか来ない。これではタクシーに乗るしかないだろう。（1995年）

成績をあげるには、がんばるしかない。（1994年）

今の息子の学力では大学はとても無理だから、専門学校を受験させるしかない。（1993年）

※この仕事に慣れるには、19歳以下だと３か月しかかからないそうです。（1995年）

Ⅰ　左と右を線で結び、文を完成させなさい。

(1)　女性にかぎり、　　　　　　　　　　　　a　歩いて行くしかなかった。

(2)　地震で電車がとまったので、　　　　　　b　とはかぎらない。

(3)　かぜをひいた時は、　　　　　　　　　　c　スポーツは何でも得意だ。

(4)　彼はサッカーにかぎらず、　　　　　　　d　タクシーがなかなか来ない。

(5)　急いでいる時にかぎって、　　　　　　　e　料理が上手だ。

(6)　温泉は、やはり　　　　　　　　　　　　f　本日の映画料金は半額です。

(7)　彼女は洋食にかぎらず、　　　　　　　　g　早く寝るにかぎる。

(8)　日本人はみんな、魚が好きだ　　　　　　h　露天風呂にかぎる。

Ⅱ　下の文の（　　　）の中にあてはまる言葉を　　　　　　から選びなさい。

(1)　お金持ちだからといって、幸せ（　　　　）。

(2)　東京、大阪（　　　　）、大都市はどこも家賃が高い。

(3)　出席率が悪くて、ビザの延長ができなかったら、国へ帰る（　　　　）だろう。

(4)　用がない時にはうるさく電話してくるのに、用事がある時（　　　　）なんの連絡もない。

(5)　寒い日は、鍋料理（　　　　）。心まで温かくなる。

(6)　一流の大学を卒業した人が、出世する（　　　　）。

(7)　レポートを書くための参考書をさがすなら図書館（　　　　）。

(8)　バーゲンセールの最終日（　　　　）、品物はさらに30％割引きになる。

(9)　だれもお金を貸してくれない。こうなったら、親にたのむ（　　　　）。

(10)　大学進学を希望しているが、今の実力では無理だ。専門学校にする（　　　　）。

(11)　日本留学試験の成績はよかったが、大学に合格できる（　　　　）。面接も大切になるだろう。

(12)　私はビール（　　　　）、アルコールはすべてダメである。飲むと気分が悪くなるのだ。

```
1　にかぎって／かぎり　　2　にかぎらず　　3　にかぎる

4　とはかぎらない　　　　5　しかない
```

(1)　後ろの方からもよく見える＿＿＿＿、もっと大きく書いてください。
　　　1　ことに　　　　　2　ものに　　　　　3　ように　　　　　4　わけに

(2)　なぜこんな大事故がおきてしまったか、一言では説明の＿＿＿＿。
　　　1　たまらない　　　2　していられない　3　わけではない　　4　しようがない

(3)　委員長を引き受ける＿＿＿＿、全力でがんばろう。
　　　1　からには　　　　2　ものだから　　　3　からすると　　　4　からして

(4)　あのやわらかい日本語の発音から＿＿＿＿、彼女は京都の人のようだ。
　　　1　には　　　　　　2　でないと　　　　3　すると　　　　　4　こそ

(5)　やはり映画に出る人は、ふつうの人とはちがう。歩き方＿＿＿＿ちがうのだ。
　　　1　からには　　　　2　からすれば　　　3　からみれば　　　4　からして

(6)　田中さんは、日本人でも敬語の使い方はむずかしくてよく間違えるという。しかし、外国人の私
　　　＿＿＿＿、完ぺきな日本語だ。
　　　1　からには　　　　2　からみれば　　　3　からでないと　　4　からこそ

(7)　もう少し具体的な計画を立てて＿＿＿＿、みんなには話せません。
　　　1　からは　　　　　2　からといって　　3　からして　　　　4　からでないと

(8)　現在の状態＿＿＿＿、その計画を実行するのは無理だ。
　　　1　からには　　　　2　からといって　　3　からいって　　　4　からでないと

(9)　天気＿＿＿＿、いい旅行になるでしょう。
　　　1　さえよくて　　　2　さえよければ　　3　さえいいのに　　4　さえいいと

(10)　雨が、やみさえ＿＿＿＿、出かけられるんですが。
　　　1　すれば　　　　　2　したら　　　　　3　すると　　　　　4　してから

(11)　あの入試問題は、大学生＿＿＿＿、むずかしいと言われている。
　　　1　にだけ　　　　　2　にばかり　　　　3　にこそ　　　　　4　にさえ

(12)　どの大学を受験するか、両親とよく相談した＿＿＿＿、決めるつもりです。
　　　1　うえで　　　　　2　うえは　　　　　3　うえに　　　　　4　うえの

(13) 新聞にも出て、みんなに知られた_____、もう本当のことを話すほかない。
　　　1　うえから　　　　2　うえに　　　　　3　うえは　　　　　4　うえで

(14) 役所の手続きは、めんどうな_____、時間もかかるので、みんないやがっている。
　　　1　うえに　　　　　2　うえで　　　　　3　うえは　　　　　4　うえから

(15) 教育_____、よくないという理由で、18歳未満は見られない映画もある。
　　　1　上　　　　　　　2　中　　　　　　　3　点　　　　　　　4　下

(16) 4月というのに寒い風がふいて、まるで冬に戻った_____。
　　　1　かのようだった　2　かのものだった　3　かのことだった　4　かのわけだった

(17) 妹はさっきまで泣いていた_____、もう笑っている。
　　　1　のと思ったら　　2　でと思ったら　　3　しと思ったら　　4　かと思ったら

(18) 試験のため特別に勉強したが、成績が上がった_____、そうでもない。
　　　1　といえば　　　　2　としたら　　　　3　かといえば　　　4　かとしたら

(19) 彼は、「さようなら」と言うか言わない_____、教室を飛び出して行った。
　　　1　かのうちに　　　2　からには　　　　3　かといえば　　　4　からといって

(20) 私の知っている_____、彼がそんなことをするはずがない。
　　　1　ものでは　　　　2　かぎりでは　　　3　わけでは　　　　4　ばかりでは

(21) 危険な夜の道も、一人で_____、安全である。
　　　1　歩くかぎり　　　2　歩くにかぎらず　3　歩かないにかぎり　4　歩かないかぎり

(22) お客様の中から、1000名様_____、賞品をさし上げます。
　　　1　にかぎり　　　　2　でかぎり　　　　3　がかぎり　　　　4　をかぎり

(23) どんな時も、うそは言わない_____。
　　　1　からかぎる　　　2　でかぎる　　　　3　にかぎる　　　　4　とかぎる

(24) 頭がいいからといって、成功する_____。
　　　1　にはかぎらない　2　とはかぎらない　3　ではかぎらない　4　からかぎらない

(25) 電車も止まり、渋滞でバスもタクシーもダメなら、もう歩いて行く_____。
　　　1　だけない　　　　2　ばかりない　　　3　のみない　　　　4　しかない

57　～てしょうがない／～てしかたがない

接続：主に形容詞「～くて／～で」＋しょうがない／しかたがない

意味：ねむくてしょうがない＝とてもとてもねむい　いやでしょうがない＝とてもとてもいやだ

例文：眠くてしょうがないときは、濃いコーヒーを飲むことにしている。（1999年）

　　　　「ぼくは彼のことがうらやましくてしかたがないんですよ。」（1991年）

58　～っこない

接続：動詞「ます形」＋っこない

意味：できっこない＝「できる」ことは絶対にない、ありえない

例文：この話は、君しか知らないんだから、君が言わなければ、他の人は知りっこないよ。（2000年）

59　～ほかない　⇒ 56 ～しかない （p.34）

接続：動詞「辞書形」＋ほかない

意味：試合を中止するほかない＝「中止する」以外に方法はない、「中止する」だけだ

例文：最終バスが出てしまったので、駅から家まで歩いて帰るほかはない。（2001年）

　　　　台風が接近しているので、残念だが今日の旅行は延期するほかない。（1998年）

60　～にちがいない

接続：主に動詞「辞書形」＋に＋ちがいない

意味：きっと悲しむに違いない＝まちがいなく「悲しむ」だろう

例文：このまま車が増え続けると、地球環境はますます悪化するにちがいない。（2005年）

　　　　彼は、私が結婚していることを知っているにちがいない。（2002年）

　　　　いいかげんなあの人のことだから、遅れて来るに違いない。（1998年）

61　～かねない

接続：動詞「ます形」＋かねない

意味：このままでは戦争になりかねない＝「戦争になる」心配がある

例文：高齢者が急に運動をはじめると、体をこわしかねない。（2005年）

　　　　大騒ぎになりかねないから、彼が離婚したことは秘密にしている。（2002年）

　　　　ちゃんとメモしておかないと、また大事な約束を忘れかねない。（1997年）

　　　　あの人だったら、そのような規則違反をやりかねない。（1995年）

62　～てたまらない　⇒ 69 ～てならない （p.42）

接続：主にい形容詞「～くて」・動詞「ます形」＋「たくて」＋たまらない

意味：暑くてたまらない＝とてもとても「暑い」、がまんできないぐらい「暑い」

　　　　夏休みに久しぶりに帰国するが、早く家族に会いたくてたまらない。（2005年）

　　　　授業の時、読み方を何度も間違えてみんなに笑われ、恥ずかしくてたまらなかった。（2002年）

　　　　負けるかと思ったが、決勝まで進むことができたので、うれしくてたまらない。（1997年）

　　　　今日は一人でさびしくてたまらず、国の親に、つい電話をかけてしまった。（1995年）

第12回　練習問題 【～てしょうがない】～【～てたまらない】

Ⅰ　左と右を線で結び、文を完成させなさい。

(1)　彼は試験に失敗して、部屋に引きこもってしまった。

(2)　自信があまりなかったのに合格できたので、

(3)　ドアに鍵がかかっているし、電気も消えている。

(4)　最近、睡眠不足で、

(5)　あの人はおしゃべりだから、

(6)　彼は私の親友だから、

(7)　もう、のどがカラカラだ。

(8)　大雪のため旅行は、

(9)　これだけ証拠があがっているのだから、

(10)　彼は昔から気が短くてケンカばかりしていた。

(11)　狂牛病の影響でお客がへって、

a　彼は留守に違いない。

b　このままでは自殺しかねない。

c　授業中、ねむくてしかたがない。

d　冷たい水がほしくてたまらない。

e　中止するほかない。

f　うれしくてたまらなかった。

g　彼の話を信じるほかない。

h　すぐ人に言うにちがいない。

i　彼なら事件を起こしかねない。

j　店はひまでしょうがない。

k　彼が犯人にちがいない。

Ⅱ　下の文の（　　　）の中にあてはまる言葉を　　　　　から選びなさい。（＊＝答えは一つではありません。）

(1)　あの人は口が軽いから、秘密をだれかに言い（　　　）。

(2)　気温35℃。クーラーも扇風機もない、せまい部屋は暑くて暑く（　　　）。＊

(3)　部屋を開けようとしたらカギがない。さっき人とぶつかってころんだ時、落とした（　　　）。

(4)　受験勉強をしていない彼が、大学に受かり（　　　）。

(5)　好きになった人に奥さんと子どもがいたら、あきらめる（　　　）だろう。

(6)　スピーチコンテストでステージへあがるとき、転んでしまった。はずかしく（　　　）。＊

(7)　いろいろな人に頼んでみたがダメだった。こうなったら、親のところへ行く（　　　）。

(8)　悪いことをしても、だれにも言わなければ、わかり（　　　）。

(9)　姉は社会人となり、自分のお給料で好きなものを買い、デートもしている。まだ学生の妹は、姉がうらやましく（　　　）らしい。＊

(10)　久しぶりに国の母に手紙を送った。母は、今ごろ喜んでいる（　　　）。

(11)　あんないいかげんな人が、結婚なんかでき（　　　）。

(12)　かぜで熱があって、おまけに頭が痛く（　　　）。＊

(13)　首相の発言によっては、中国との関係が悪化し（　　　）。

(14)　何年も国へ帰っていないので、家族に会いたく（　　　）。＊

1　てしょうがない	2　っこない	3　ほかない
4　にちがいない	5　かねない	6　てたまらない

63 〜ずにはいられない／〜ないではいられない

接続：動詞「ない形」＋ないではいられない／ずにはいられない

意味：わらわずにはいられない＝「わらわない」ことは不可能だ、自然に「わらって」しまう

例文：大地震の被害にあった村が、一日も早く復興することを願わずにはいられない。（2005年）

夢をめざして努力し続ける彼を見ていると、私は感動しないではいられない。（2002年）

私たちのだれもが、美しすぎる彼女の目に心をうばわれずにはいられなかった。（2002年）

本人は平気そうだったが、家族は心配しないではいられなかった。（1999年）

彼は、困っている人を見たら、助けずにはいられないやさしい人である。（1994年）

毎年、セミの声を聞くころになると、子どものころを思い出さずにはいられない。（1991年）

64 〜きれない

接続：動詞「ます形」＋きれない

意味：食べきれない＝全部「食べる」ことはできない

例文：たった一時間では、とてもこの論文の内容を説明しきれない。（2003年）

有名な歌手との婚約を発表してからお祝いの手紙をたくさんもらったが、マスコミの対応に忙しくて返事が書ききれない。（1998年）

こんなにたくさんのごちそうは、とても一人では食べきれませんね。（1994年）

65 〜ざるをえない

接続：動詞「ない形」＋ざるをえない

意味：行かざるをえない＝「行かなければ」ならない、「行く」しかない

例文：アメリカに留学するのなら、英語を覚えざるをえない。（2003年）

彼の理論は正しいと思うが、この点だけは間違っていると言わざるをえない。（1997年）

楽しみにしていた旅行だが、息子が入院したので行くのをあきらめざるをえない。（1995年）

値段が高すぎて売れない場合には値下げせざるをえない。（1994年）

66 〜にほかならない

接続：AはB（名詞）＋に＋ほかならない／「〜から」＋にほかならない

意味：AはB以外ではない、A＝Bである➡B（原因など）を強調するときの表現

テストの点が悪かった原因は勉強不足にほかならない＝「勉強不足」以外ではない

例文：プロジェクトが失敗した原因は、資金不足にほかならない。（2003年）

首相の問題についていろいろ議論されているのは、みんなが強い関心を持っているからにほかならない。（2000年）

私が入院した時、毎日見舞いに来てくれたのは、彼の友情のあらわれにほかならない。（1996年）

40歳の彼に成功をもたらしたものは、若いころからの日々の努力にほかならない。（1993年）

第13回　練習問題 【～ずにはいられない】～【～にほかならない】

I　左と右を線で結び、文を完成させなさい。

(1) こんなにたくさんの料理を　　　　　　　　a　会社に不満を言わずにはいられない。

(2) かぜで熱が39度もある。しかたがない。　　b　今日中に覚えきれない。

(3) 親がきびしくしかるのは、　　　　　　　　c　会社に行かざるをえない。

(4) 安い給料で、労働時間は長い。　　　　　　d　一人では食べきれない。

(5) 授業中、先生の頭にハエがとまり　　　　　e　会社の方針にほかならなかった。

(6) こんなに多くの漢字、　　　　　　　　　　f　学校を休まざるをえない。

(7) 列車事故の原因は、利益を第一に考える　　g　笑わずにはいられなかった。

(8) 熱があったが大事な仕事があるので、　　　h　子どもを愛しているからにほかならない。

II　下の文の（　　　）の中にあてはまる言葉を ☐ から選び、適当な形にしなさい。

(1) 彼女が、最近、太ってしまった原因は、試験勉強のストレス（　　　　　）。

(2) 何よりもお酒が好きな彼は、お酒を見ると、飲ま（　　　　　）。

(3) この夏休みに国へ帰ろうと思って、飛行機の予約をしたが、チケットが取れなかった。仕方がない、帰国はあきらめ（　　　　　）。

(4) 交通事故で他人にけがをさせてしまったのだから、病院の治療費を払わ（　　　　　）。

(5) 映画で、まだ小さい兄弟が一生懸命に病気の母親を看病するのを見て、泣か（　　　　　）。

(6) 人気歌手は、ファンレターが一日に何万通と来るので、返事を書き（　　　　　）そうだ。

(7) 今回の選挙での投票率の高さは、国民の政治への関心の表れ（　　　　　）。

(8) 人件費がかなりかかっている。会社のこれからを考えれば、人員整理をせ（　　　　　）。

(9) とても１週間では読み（　　　　　）ほどのマンガを貸してくれた。今夜から徹夜で読もう。

1　ずにはいられない　　2　きれない　　3　ざるをえない　　4　にほかならない

67　〜にすぎない

接続：主に「名詞」＋に＋過ぎない

意味：5％に過ぎない＝「5％」以上ではない➡思ったより少ない、意外な感じを表す

例文：新聞に載ったことは、事件の一部にすぎない。（2004年）

　　　日本語の勉強を始めたといっても、まだ3か月にすぎない。（2001年）

　　　彼女は病気のため学校をやめたと言っているが、それはたんなる口実にすぎない。（1995年）

　　　女性のタクシー運転手が増えたといわれているが、まだほんの1割程度にすぎない。（1991年）

68　〜うではないか／〜うじゃないか

接続：動詞「意向形〜う／〜よう」＋ではないか／じゃないか

意味：行こうではないか＝行きましょう➡みんなに呼びかける時の表現

例文：この映画はとてもおもしろいそうだ。みんなで行ってみようじゃないか。（2004年）

　　　たまにはみんなでレストランにでも行こうじゃないか。（1996年）

69　〜てならない　⇒62 〜てたまらない（p.38）

接続：な形容詞「〜で」＋ならない／い形容詞「〜くて」＋ならない

意味：ざんねんでならない＝非常に「ざんねん」だ➡少しかたい表現

例文：1億円の宝くじに当選したなんて、うらやましくてならない。（2004年）

　　　日本へ来てもう2年。家族に会いたくてならない。（1997年）

　　　娘が結婚し、初めての孫が生まれて、うれしくてならない。（1993年）

70　〜べきだ／〜べきではない

接続：動詞「辞書形」＋べきだ　※する➡するべきだ／すべきだ

意味：ゴミをへらすべきだ＝「へらさなければならない」「へらした方がいい」という自分の意
　　　見・主張を表す　※言うべきではない＝言ってはいけない、言わない方がいい

例文：日本人は、周りの人に合わせるのではなく、言いにくいこともはっきり言うべきだ。（2005年）

　　　進学は自分の将来に関することだから、先生に頼ろうとするべきではない。（2004年）

　　　古くなった制度に関して議論してきたが、変えるべきところとそうでないところについて、
　　　さらに検討するべきだ。（1999年）

　　　電車やバスの中では、若者は老人に席をゆずるべきだ。（1993年）

　　　どんな理由があっても、戦争は、絶対に許すべきではない。（1991年）

71　〜まい／〜まいか

接続：動詞「辞書形」＋まい／まいか

　　　※する➡するまい／しまい　させる➡させまい　見る➡見まい　食べる➡食べまい

意味：雨は降るまい＝「降らない」だろう

　　　いいのではあるまいか＝いいのではないだろうか＝いいと思う

　　　※「私」が主語の時、否定の意志を表す。私は行くまい＝絶対に行かない

例文：自分自身で確かめない限り、そんな都合のいい話はだれも信じまい。（2004年）

　　　彼は最近、姿を見ないが、帰国したのではあるまいか。

第14回　練習問題 【～にすぎない】～【～まい】

Ⅰ　左と右を線で結び、文を完成させなさい。

(1)　どんな場合でも、約束は　　　　　　　　　　a　あるまい。

(2)　新製品の売り上げは、予想の　　　　　　　　b　行くまい。

(3)　もう二度と、こんなチャンスは、　　　　　　c　守るべきだ。

(4)　友だちが入院したと聞いて、　　　　　　　　d　ほんとうにくやしくてならない。

(5)　久しぶりだ。今晩は、大いに　　　　　　　　e　あきらめるべきではない。

(6)　彼は遅刻した理由をいろいろ言うが、　　　　f　30％にすぎなかった。

(7)　彼にだけは、負けたくなかった。　　　　　　g　心配でならない。

(8)　皆さんの力で、今度の企画を　　　　　　　　h　飲んで、語ろうではないか。

(9)　もう二度と、あんなまずい店へ　　　　　　　i　朝寝坊した言い訳に過ぎない。

(10)　そんなに簡単に、自分の夢を　　　　　　　　j　成功させようではありませんか。

Ⅱ　下の文の（　　　）の中にあてはまる言葉を　□□□□　から選びなさい。

(1)　あと１点取れば、合格できたと思うと、残念（　　　　）。

(2)　だいじょうぶだろう。明日は、雨は降る（　　　　）。

(3)　もう大人なのだから、自分がいいと思ったら実行する（　　　　）。

(4)　先生と学生が手を取り合って、いい学校にしよう（　　　　）。

(5)　どうして彼に、あんなきれいな恋人がいるのか、不思議（　　　　）。

(6)　彼女を幸せにできるのなら、結婚する（　　　　）し、できないのなら結婚する（　　　　）。

(7)　お互いに理解し合うために、もっとよく話そう（　　　　）。

(8)　今度の試験に受かったのは、全校でたった５人（　　　　）。

(9)　私は心の中で、『もう二度とうそはつく（　　　　）』と誓った。

(10)　会社でえらそうにしている社長も家に帰れば、一人の父親（　　　　）。

1　にすぎない	2　でならない	3　ではないか
4　べきだ	5　べきではない	6　まい

43

72　〜かねる

接続：動詞「ます形」＋かねる

意味：「〜する」ことはできない

例文：試験の内容について学生に聞かれたが、そのような質問には答え**かねる**。（1999年）

　　　ボーナスが減ることについて会社から説明を受けたが、私はどうも納得し**かねる**。（1996年）

73　〜がたい

接続：動詞「ます形」＋がたい

意味：信じがたい＝「信じる」のは難しい＝「信じ」られない

例文：どの大学を受験したらよいか、なかなか一つには決め**がたい**。（2003年）

　　　いつも冷静なあの人がそんな乱暴なことをしたなんて、信じ**がたい**ことだ。（1997年）

74　〜くらいだ／〜ぐらいだ　⇒87 〜ほどだ （p.48）

接続：形容詞「〜くて」＋「普通形」くらいだ／ぐらいだ（主に「〜たいくらいだ／ぐらいだ」）

意味：つらくて、死にたいぐらいだ＝死にたいくらい、つらい→程度を例で示す表現

例文：今日は朝から仕事がいっぱいで、トイレへ行くひまもない**くらいだ**。（2003年）

　　　１点差で負けるなんて、くやしくて泣きたい**ぐらいだ**。（1999年）

75　〜ぬく

接続：動詞「ます形」＋ぬく

意味：がんばりぬく＝最後まで「がんばる」

例文：あの人も長い間悩み**ぬいて**、離婚することを決めたらしい。（2005年）

　　　初めてのマラソンだが、なんとかがんばって42.195キロを走り**ぬきたい**。（1994年）

　　　私は彼のことを知り**抜いている**。／考え**ぬいた**上で結論を出す。

76　〜かける　⇒169 〜かけの／〜かけだ （p.84）

接続：動詞「ます形」＋かける

意味：①相手に対して「〜する」　例：呼びかける・話しかける・はたらきかける

　　　②「〜する」途中である　　例：読みかける・食べかける・わかりかける

　　　③もう少しで「〜する」ところだった　例：死にかける・おぼれかける・言いかける

例文：自分の前に座っている人に話し**かけて**みたら、実は社長だった。（1994年）

　　　彼は何か言い**かけて**やめた。

　　　問題の答えがわかり**かけて**きた。

77　〜うる／〜えない

接続：動詞「ます形」＋うる／える／動詞「ます形」＋えない

意味：「〜する」ことができる、可能性がある

例文：犯人が殺人事件を起こした動機は、私には十分理解し**うる**ものであった。（1999年）

　　　彼が私にうそをつくなんて、そんなことはあり**えない**。

　　　おそらく彼一人では論文を書き**えない**だろう。

第15回　練習問題 【～かねる】～【～うる／～えない】

I　左と右を線で結び、文を完成させなさい。

(1)	この美しい風景は	a	アルバイトの私ではわかりかねます。
(2)	担当者がおりませんので	b	ありえないよ。
(3)	知らない男の人から	c	言葉では表現しがたい。
(4)	えっ、そんなばかなこと、	d	感じ悪いな。
(5)	何か言いかけてやめるなんて、	e	目に入れても痛くないぐらいだ。
(6)	その条件では	f	突然、話しかけられた。
(7)	うちの孫は本当にかわいくて	g	親の私がしたいぐらいだ。
(8)	こんなに条件のいい結婚話なら、	h	納得しかねる。
(9)	当社の責任ですから	i	でき得る限りのことはさせていただきます。
(10)	考えぬいた結果、私は、	j	小学生が殺人事件を起こしてしまった。
(11)	信じがたいことだが、	k	がんばりぬいた。
(12)	彼女はがまんして、最後まで、	l	大学進学をあきらめた。

II　下の文の（　　　）の中にあてはまる言葉を □ から選びなさい。必要な場合は、適当な形にしなさい。

(1) 彼は何度も倒れそうになりながら、42.195キロを走り（　　　）。

(2) 「これ、この間のバーゲンセールで買ったんですが、小さいので替えていただけますか。」
「申しわけございません。バーゲンの品物は、お取り替えいたし（　　　）のですが。」

(3) 大企業のT社が倒産したが、それは、十分あり（　　　）ことだった。

(4) きのう買った魚、変なにおいがするよ。くさり（　　　）いるんじゃないの。

(5) 夜中に赤ん坊がどうしても泣き止まない。母親の私の方が、泣きたい（　　　）だ。

(6) 多くの中から選び（　　　）作品だけあって、見る価値が十分にある。

(7) こんなにつらい練習をする（　　　）なら、代表選手など、やめてしまいたい。

(8) 上司から紹介されたお見合いの話なので、彼女は断り（　　　）いる。

(9) でき（　　　）ことならば、レポートの提出期限をもう少し延ばして欲しい。

(10) 一緒に苦労し、がんばった友人との留学生活は、忘れ（　　　）思い出になっている。

(11) その件に関しましては、私一人では決め（　　　）ので、会社へ戻りまして、上司と相談してからご連絡します。

(12) 昨日、仕事が終わって帰り（　　　）時、部長から残業してくれないかと言われ、仕方なく9時まで仕事をさせられた。

1　かねる		2　がたい		3　くらい		4　ぬく		5　かける		6　うる

78 〜つつある

接続：動詞「ます形」＋つつある

意味：交通事故はへりつつある＝「へっている」最中である、変化の途中である

例文：開発が進むとともに、この辺りの環境は悪くなりつつある。（2004年）

　　　災害に苦しむ人々を助けるために、資金協力をする国々も増えつつある。（2000年）

　　　彼は退院後も運動を続け、現在では体力を回復しつつある。

79 〜にきまっている

接続：主に動詞「辞書形」＋に＋決まっている

意味：合格するにきまっている＝「合格する」ことはまちがいない➡予測に自信がある時の表現

例文：子どもが大人とスポーツの試合をしたって、負けるにきまっている。（2003年）

　　　今度の選挙では、政治家の娘であるあの若い候補が勝つに決まっている。（2002年）

　　　あの選手はだれよりも多く練習しているから、優勝するに決まっていますよ。（1998年）

80 〜おそれがある

接続：動詞「辞書形」＋おそれがある

意味：失敗するおそれがある＝「失敗する」心配がある、悪い結果になる可能性がある

例文：大雨が降ると、川の水があふれる恐れがある。（2003年）

　　　疲れている時は、集中力がなくなり事故を起こすおそれがある。（2001年）

　　　彼の会社は経営者が自殺したそうで、このままでは倒産するおそれがある。（2000年）

　　　今のうちに、原因を探って対策をたてないと、大事故につながるおそれがある。（1995年）

81 〜だらけだ　⇒ 175 〜だらけ（p.86）

接続：「名詞」＋だらけだ

意味：「〜」がいっぱいでたいへんだ➡よくない状態の時に使う表現

例文：雨の中で試合を終えたサッカー選手の顔は、みんな泥だらけだ。（2000年）

　　　外国の友だちが送ってくれた記念切手が、いつのまにかすごい数になって、今や机の上は切手だらけになってしまった。（1993年）

82 〜がちだ／〜がちになる　⇒ 170 〜がちの（p.86）

接続：動詞「ます形」／「名詞」＋がちだ／がちになる

意味：冬は、起きるのが遅くなりがちだ＝「遅くなる」ことの方が多くなる

例文：便利な都会で生活していると、運動不足になりがちだ。（2005年）

　　　結婚して子どもが生まれると、結婚記念日さえ忘れがちになる。（2001年）

　　　子どものころ、病気がちのいとこを見舞いに行ったことがある。（1998年）

　　　二度も同じ失敗をすると、また失敗するのではないかと考えがちになる。（1995年）

　　　最近は、ずっと病気がちです。（1990年）

第16回　練習問題 【～つつある】～【～がちだ／～がちになる】

I　左と右を線で結び、文を完成させなさい。

⑴	外で遊んで来た子どもの服は、	a	おそれがある。
⑵	病気が	b	減りつつある。
⑶	秋になると、夜寝るのが、	c	病気がちで、体が弱かった。
⑷	台風が本州に上陸する	d	どろだらけだった。
⑸	彼女は、小さい時から	e	遅くなりがちだ。
⑹	都会では小学校の数が	f	なおりつつある。
⑺	学校でいじめられると、子どもは、	g	いつになったら楽になるのかしら。
⑻	勉強していないのだから、テストの点は、	h	恋人がいるにきまっている。
⑼	彼はやさしくて、かっこいいから	i	悪いにきまっている。
⑽	うちの家計簿は赤字だらけだ。	j	登校拒否になるおそれがある。

II　下の文の（　　）の中にあてはまる言葉を　▭　から選びなさい。

⑴　きのうの夜遅く電話してきたのは、非常識なあいつ（　　　）。

⑵　この時計は、遅れ（　　　）から、少しすすませておこう。

⑶　集中豪雨により、川の水があふれる（　　　）。

⑷　自動車の衝突事故が起きた道路は、血（　　　）であった。

⑸　私は、今、結婚してから夫に手料理を食べさせたいと思って、料理学校に通っている。料理の腕がだんだん上がり（　　　）。楽しみだ。

⑹　一か月掃除をしていないので、私の部屋は、ほこり（　　　）だ。

⑺　今年の冬はインフルエンザがはやる（　　　）。

⑻　最近、彼女は、テニスの練習を休み（　　　）。何かあったのだろうか。

⑼　冬に雪が多く降ったので、この町の水不足は解消し（　　　）。

⑽　いつのまにか、ケーキがなくなっている。食べたのは甘いものが好きな妹（　　　）。

1　つつある	2　にきまっている	3　おそれがある	4　だらけ	5　がちだ

83　〜きりだ　⇒167 〜きり（p.84）

接続：動詞「た形」＋きりだ

意味：行ったきりだ＝「行った」後、そのままの状態が続いている

例文：A社の山田部長とは2年前に一度会ったきりだ。（2003年）

　　　田中さんは今ごろどうしているだろう。高校を卒業した翌年に一度会ったきりだ。（2000年）

　　　何も言わず家を出て行ったきり、彼女は行方不明になった。（1995年）

84　〜一方だ

接続：動詞「辞書形」＋いっぽうだ

意味：物価は上がる一方だ＝「上がる」傾向が続いていて止まらない

例文：この10年、この村の人口は減る一方だ。（2003年）

　　　外国文化の情報が増える一方だが、それとともに、自国の文化についての情報も豊富になっている。（1998年）

　　　景気が悪くて、倒産する会社が増え、失業率はあがる一方だ。（1994年）

　　　日本で学ぶ留学生の数は増える一方のようだ。（1992年）

85　〜次第だ（未出題）　⇒163 〜次第（p.82）　164 〜次第では（p.84）

接続：①「名詞」＋しだいだ／②主に動詞「普通形」＋しだいである

意味：①できるかどうかは、きみの努力次第だ＝「努力」で決まる

　　　②〜という次第だ＝〜という「事情」だ➡説明の最後に使うことが多い

例文：希望の大学に入学できるかどうかは、試験の成績次第だ。

　　　大学で出会った二人は、学校卒業後も関係を続け、こうして結婚にいたった次第です。

86　〜気味だ

接続：動詞「ます形」＋ぎみ＋だ

意味：野菜のねだんが上がりぎみだ＝少し「上がる」傾向にある

　　　※かぜぎみだ＝かぜの状態に近い

例文：このところ忙しくて少し疲れぎみだから、今日はアルバイトを休むことにした。（2004年）

　　　運動不足のせいか、最近、太りぎみだ。

87　〜ほどだ　⇒149 〜ほど（p.78）　74 〜くらいだ／〜ぐらいだ（p.44）

接続：主に動詞「普通形」＋ほどだ

意味：恋のなやみはつらい。あの彼が人前で泣くほどだ＝泣くほど、つらい➡程度を表す表現で、実際の例を示す

例文：彼女の演奏はすばらしく、聞いている人すべてが立ち上がって拍手をおくったほどだった。（2004年）

　　　あのレストランは味がよくて人気がある。店の前に行列ができるほどだ。

I 左と右を線で結び、文を完成させなさい。

(1) 小学校の時の友だちの山田さんとは10年前に　　　　　　　a 増える一方だ。

(2) 試験に合格できるかどうかは、　　　　　　　　　　　　b お金しだいだ。

(3) 今日は、鼻の調子が悪くて、ちょっと　　　　　　　　　c 減る一方だ。

(4) あの店のてんぷらは有名で、　　　　　　　　　　　　　d 成績しだいだ。

(5) 地球上の二酸化炭素の量は、　　　　　　　　　　　　　e かぜ気味です。

(6) 青山さんは今ごろどうしているだろう。　　　　　　　　f 最初は、声がふるえるほどだった。

(7) やはり成功できるかどうかは、　　　　　　　　　　　　g 別れたきりだ。

(8) 彼、最近、試験が近いからか、　　　　　　　　　　　　h テレビで紹介されたほどだ。

(9) みんなの前で日本語を話した時は緊張した。　　　　　　i あせり気味だね。

(10) 日本の子どもの数は　　　　　　　　　　　　　　　　　j 彼は5年前にアメリカへ行ったきりだ。

II 下の文の（　　　）の中にあてはまる言葉を［　　　］から選び、必要な場合は、適当な形にしなさい。

(1) 景気が少しよくなったのだろうか。最近、株の値段が上がり（　　　　）。

(2) 不景気で会社をやめさせられる人は、ふえる（　　　　）。

(3) 大学を卒業してからは忙しく、仕事、仕事の毎日だ。仲のよかった同級生とも2年前の同窓会で会った（　　　　）。

(4) あのおとなしい彼が怒る（　　　　）から、相当ひどいことを言われたんだろう。

(5) いくら働いても、物価は上がる（　　　　）。生活は楽にならない。

(6) それにしても、きのうの雨はすごかった。1メートル先も見えない（　　　　）った。

(7) 2年前まで、アメリカで日本語を勉強していたんですが、その時、大川先生にすすめられて、今、日本で日本文学を学んでいる（　　　　）。

(8) もっとまじめに勉強してもらわないと困るよ。どうした？　最近、成績が下がり（　　　　）よ。

(9) 京都は、高校の修学旅行の時に行った（　　　　）。あれから一度も行っていない。ゆっくりお寺めぐりをしたいなあ。

(10) どんなに頭がよくても、顔がきれいでも、人間関係がよくなければ、成功はできない。世の中は、人間関係（　　　　）のである。

```
1 きりだ    2 一方だ    3 しだいだ    4 ぎみだ    5 ほどだ
```

(1) 私は、スポーツなら何でもできる彼のことが、うらやましくて＿＿＿＿。
　　1　かぎらない　　　2　しかない　　　　3　いられない　　　4　しょうがない

(2) あなたがだまっていてくれれば、だれも＿＿＿＿よ。
　　1　知るしかない　　2　知らざるをえない　3　知りきれない　　4　知りっこない

(3) 雨が降っているので、旅行は延期する＿＿＿＿。
　　1　かねない　　　　2　ほかない　　　　3　かぎらない　　　4　しょうがない

(4) きっと友だちは、私に賛成してくれるに＿＿＿＿。
　　1　ちがいない　　　2　かぎらない　　　3　ほかない　　　　4　たまらない

(5) あの人なら、私の悪口を言い＿＿＿＿。
　　1　きれない　　　　2　がたい　　　　　3　かねない　　　　4　かねる

(6) 大都会に一人で暮らしていると、たまにさびしくて＿＿＿＿。
　　1　ほかなくなる　　2　かねなくなる　　3　たまらなくなる　4　ちがいなくなる

(7) 彼が入院したと聞いて、友だちはみんな心配せずには＿＿＿＿。
　　1　いられなかった　2　たまらなかった　3　ほかなかった　　4　かぎらなかった

(8) こんなにたくさんのごちそうは、一人では食べ＿＿＿＿。
　　1　かねない　　　　2　きれない　　　　3　てならない　　　4　まいか

(9) 彼の言うこともわかるが、客観的には彼がまちがっていると＿＿＿＿。
　　1　言いっこない　　2　言いかねない　　3　言わざるをえない　4　言いつつある

(10) 病気の時、彼がお見舞いに来てくれたのは、私に対する友情のあらわれに＿＿＿＿。
　　1　すぎない　　　　2　いられない　　　3　ほかはない　　　4　ほかならない

(11) フランス語の勉強を始めたといっても、まだ３か月＿＿＿＿。
　　1　にかぎらない　　2　にきまっている　3　にすぎない　　　4　でならない

(12) 事故で若い命が失われたことは、本当に残念で＿＿＿＿。
　　1　ならない　　　　2　あるまい　　　　3　おそれがある　　4　ほかならない

(13) 若い者は、お年寄りに席をゆずる＿＿＿＿。
　　1　わけだ　　　　　2　べきだ　　　　　3　ばかりだ　　　　4　のみだ

⑭ 最近、彼のすがたを見ないが、もう学校をやめたのでは＿＿＿＿。
　　1　たまらないか　　2　ちがいないか　　3　いられないか　　4　あるまいか

⑮ ときどき、私は彼の行動を理解し＿＿＿＿ことがある。
　　1　かねない　　　　2　かねる　　　　　3　まい　　　　　　4　つつある

⑯ あの静かでやさしい彼女が、そんな乱暴なことを言ったなんて、信じ＿＿＿＿。
　　1　かねない　　　　2　きれない　　　　3　てならない　　　4　がたい

⑰ あんなに勉強したのに、いい成績がとれないなんて。くやしくて泣きたい＿＿＿＿。
　　1　だけだ　　　　　2　ばかりだ　　　　3　ぐらいだ　　　　4　のみだ

⑱ よくよく考え＿＿＿＿うえで、結論を出すべきだ。
　　1　ぬいた　　　　　2　かけた　　　　　3　かねた　　　　　4　えた

⑲ きみ、何か言い＿＿＿＿やめるのは、よくないくせだよ。
　　1　ぬいて　　　　　2　かけて　　　　　3　きって　　　　　4　えて

⑳ 彼が、親友の私にうそをつくなんて、＿＿＿＿ことだ。
　　1　あるべき　　　　2　あるまい　　　　3　ありかねない　　4　ありえない

㉑ 現在も、地球全体の気温は上昇し＿＿＿＿。
　　1　ながらである　　2　つつある　　　　3　かねない　　　　4　ぬいている

㉒ 彼がそんなことを言うわけないじゃないか。そんな話はうそに＿＿＿＿よ。
　　1　おそれがある　　2　ありえない　　　3　きまっている　　4　かぎらない

㉓ すぐにでも対策を立てないと、大事故につながる＿＿＿＿。
　　1　つつある　　　　2　ものがある　　　3　べきである　　　4　おそれがある

㉔ そうじをしない彼の部屋は、いつもゴミ＿＿＿＿。
　　1　がちだ　　　　　2　ぎみだ　　　　　3　だらけだ　　　　4　ほどだ

㉕ どうしたんだろう。このところずっと、彼は、学校を休み＿＿＿＿。
　　1　きりだ　　　　　2　がちだ　　　　　3　ぐらいだ　　　　4　一方だ

㉖ 山田さんは今ごろどうしているだろう。彼とは、大学卒業後一度会った＿＿＿＿。
　　1　きりだ　　　　　2　がちだ　　　　　3　かけだ　　　　　4　ほどだ

㉗ 試合に勝つか負けるか、それはきみの努力＿＿＿＿。
　　1　きりだ　　　　　2　だらけだ　　　　3　がちだ　　　　　4　しだいだ

【〜に……】

88 〜にとって

接続：主体を表す「名詞」（主に人称名詞）＋に＋とって／〜にとっての＋「名詞」

意味：田中さんにとって＝他の人ではなく、「田中さん」の場合

例文：これはとても古いラジオですが、私にとってとても大事なものなのです。（2005年）

　　　ケーキを作るのは私にとって一番の楽しみである。（1996年）

89 〜について

接続：「名詞」＋に＋ついて＋「考える／調べる／質問する／研究する」など

意味：日本について＝「日本」のことをいろいろと〜する

例文：旅行の費用についてはもう少しみんなでよく考えてみてください。（1993年）

90 〜において

接続：時間や場所を表す「名詞」＋に＋おいて

意味：日本において＝日本で　20世紀において＝20世紀で

例文：100年前の日本においては、海外旅行など夢のようなことだった。（2001年）

　　　最近は職場だけでなく家庭においてもコピー機が使われている。（1998年）

✓ 91 〜に関して

接続：「名詞」＋に＋関して

意味：地球の温暖化に関して＝「地球の温暖化」に関係して、「地球の温暖化」について

例文：奨学金の申し込みに関して質問がある方は、私のところまでどうぞ。（2000年）

　　　この国の政治に関しては、今後も注目していく必要がある。（1991年）

✓ 92 〜に対して／〜に対しては／〜に対しても／〜に対する

接続：「名詞」＋に＋たいして／たいしては／たいしても／〜にたいする＋「名詞」

意味：親に対して＝「親」に向かって、「親」を相手に➡行動の対象を表す

例文：イラク戦争を起こしたアメリカに対して、批判が高まった。（2004年）

　　　先日の営業会議では部長の方針に対して質問が集中した。（2001年）

　　　この店では、特にお客に対するサービスに力を入れている。（1995年）

93 〜によって

接続：「名詞」＋に＋よって

意味：①水不足によって野菜がかれる＝「水不足」が原因で

　　　②多数決によって決める＝「多数決」で➡方法・手段を表す

　　　③人によって性格がちがう＝人は一人一人性格がちがう

例文：参加者のみなさまのご協力によって、パーティーを成功させることができました。（2004年）

　　　いつの時代でも若者によって、新しい音楽がつくりだされる。（1995年）

　　　この病院の治療は、科学技術の発達によってはじめて可能となった。（1991年）

第18回　練習問題 【～にとって】～【～によって】

I　左と右を線で結び、文を完成させなさい。

(1)　この問題について　　　　　　　　　　a　田中先生の結婚式が行われた。

(2)　携帯電話の普及によって、　　　　　　b　入試センターに問い合わせてください。

(3)　留学生にとって　　　　　　　　　　　c　町の公衆電話が減った。

(4)　入学試験に関しては、　　　　　　　　d　ビザの延長は、大切な問題だ。

(5)　東京ホテルにおいて、　　　　　　　　e　何も知らない。

(6)　社員は社長に対して　　　　　　　　　f　アメリカ大陸は発見された。

(7)　私は、彼の私生活については、　　　　g　多くの人が賛成した。

(8)　コロンブスによって　　　　　　　　　h　ご意見のある方はいらっしゃいますか？

(9)　会議における彼の発言に　　　　　　　i　給料の値上げを要求した。

(10)　ビザの延長に関しては、　　　　　　　j　人生とは？

(11)　それが目上の人に対する　　　　　　　k　学生課に聞いてください。

(12)　あなたにとって　　　　　　　　　　　l　態度か！

II　下の文の（　　　　）の中にあてはまる言葉を　□□□□　から選びなさい。（＊＝答えは一つではありません。）

(1)　日本の経済（　　　　）勉強したいと思い、留学しました。

(2)　国（　　　　）、食文化は異なる。辛いものを好む国もあれば、甘いものを好む国もある。

(3)　彼の意見（　　　　）反対する人はいなかった。

(4)　この件（　　　　）、少し質問させてもらっていいですか？＊

(5)　働く妻（　　　　）大変なのは、家事と仕事の両立である。

(6)　漢字を覚えて書くことは、欧米の人（　　　　）は大変である。

(7)　新聞（　　　　）初めて、事故の大きさを知って、驚いた。

(8)　男性（　　　　）、女性はまだまだ社会的地位が低い。

(9)　過去（　　　　）は、女の人が社長になるのは、なかなか大変だった。

(10)　青少年の犯罪（　　　　）は、今後も増えていくことが予想されるため、早急に対策をとらなければならない。＊

(11)　私がやったこと（　　　　）は全て話しました。どんな罰でも受けるつもりです。＊

(12)　世界各国の空港（　　　　）、いろいろなハイジャック対策が採られている。

(13)　今度の選挙の投票率の低さは、政治（　　　　）関心のなさをあらわしている。

1　にとって	2　によって	3　について	4　において
5　に対して	6　に対する	7　に関して	

94　〜につれて

接続：変化を表す動詞「辞書形」＋に＋連れて／「名詞」＋に連れて

意味：AにつれてB➡Aが変化すると、いっしょにBも変化する

例文：年をとるにつれて、過去の悲しいことは忘れていった。（2005年）

　　　時間がたつにつれて、祭りはにぎやかになってきた。（1997年）

　　　山は、高くなるにつれて気温が低くなる。

95　〜にしたがって

接続：変化を表す動詞「辞書形」＋に＋従って／「名詞」＋に従って

意味：AにしたがってB➡Aが変化すると、その結果Bも変化する

例文：医学が進歩するにしたがって、人口が増えた。（1998年）

　　　国の経済が発展するにしたがって、自然環境は悪化してきた。（1993年）

96　〜にともなって／〜にともなう　⇒ 134 〜とともに (p.70)

接続：変化を表す動詞「辞書形」・「名詞」＋に伴って＋「動詞」／〜に伴う＋「名詞」

意味：AにともなってB➡Aが変化すると、いっしょにBも変化する

例文：現代の医学は進歩している。それにともなって、高齢者が増えてきた。（2004年）

　　　この町に大きなマンションができた。それにともなってショッピングセンターやスポーツセ

ンターもできて、便利になってきた。（2001年）

　　　人口増加にともなう福祉制度の問題は深刻化している。（1996年）

97　〜にあたって／〜にあたり

接続：動詞「辞書形」・「名詞」＋に＋あたって／あたり

意味：卒業するにあたって＝これから「卒業する」という、その時に

例文：新年度を迎えるにあたって、あたらしい人事が発表された。（1998年）

　　　「開会にあたり、社長からお言葉をいただきたいと思います。」（1994年）

98　〜に際して／〜に際し／〜に際しての　⇒ 159 〜際／〜際に／〜際は (p.82)

接続：①動詞「辞書形」・「名詞」＋に＋さいして／さいし／〜にさいしての＋「名詞」

意味：①入学に際して＝これから「入学する」という、その時に

　　　②出発に際しての注意＝これから「出発する」というときの注意

例文：卒業に際して先生にお礼のプレゼントを贈ったのは、勉強が大きらいな彼だった。（1996年）

　　　よく聞いてください。これから、試験に際しての注意をいたします。

99　〜に先立って／〜に先立ち／〜に先立つ

接続：主に漢字2字の「名詞」＋に＋さきだって／さきだち／〜にさきだつ＋「名詞」

意味：牛肉の輸出に先立って＝「牛肉の輸出」の前に／輸出に先立つ問題＝「輸出」の前の問題

例文：サッカーの試合開始にさきだち、会長から開会宣言があった。（2003年）

　　　農産物の輸入にさきだち厳しいチェックが行われている。（1999年）

　　　国際交流会実施に先立つ会議には、日本全国から留学生の代表が参加した。

第19回　練習問題 【〜につれて】〜【〜にさきだって】

Ⅰ　左と右を線で結び、文を完成させなさい。

(1)	出発にあたり、	a	ルールの説明をします。
(2)	日本では、北へ行くにつれて、	b	進んでください。
(3)	矢印にしたがって、	c	寒くなる。
(4)	競技にさきだち、	d	再度、旅行中の注意事項を申し上げます。
(5)	この会社では、入社に際して、	e	むずかしくなる。
(6)	日本語は勉強するにつれて、	f	まず審査基準を説明します。
(7)	子どもの成長にともなって、	g	入社式が行われる。
(8)	審査結果を発表するにあたり	h	学校のクラス数が減っている。
(9)	医療技術の進歩にしたがって	i	一言お祝いを述べさせていただきます。
(10)	お二人の結婚に際しまして	j	教育費もふえて行く。
(11)	飛行機への搭乗にさきだって	k	平均寿命が延びた。
(12)	出生率の減少にともなって	l	荷物のチェックをします。

Ⅱ　下の文の（　　　　）の中にあてはまる言葉を □□□ から選びなさい。（＊＝答えは一つではありません。）

(1) 時が経つ（　　　　）、事件のことを皆が話題にしなくなった。＊
(2) 新入生を迎える（　　　　）、学校は、新たにパソコンを30台購入した。＊
(3) 日本の道路では、日本の交通規則（　　　　）運転しなければならない。
(4) 映画の上映（　　　　）、監督、主演女優のごあいさつがあります。＊
(5) 社会の高齢化（　　　　）、いろいろな問題が出てきた。＊
(6) 昼間はにぎやかなこの通りも、夜がふける（　　　　）、人通りが少なくなってくる。＊
(7) A社との取り引き（　　　　）、A社の内部を十分に調査した。＊
(8) 学生割引のチケット購入（　　　　）は、学生証の提示が要求される。＊
(9) 通信技術が進歩するに（　　　　）、インターネットの利用者も増えてきた。＊
(10) 今回の選挙（　　　　）、国民に対するアンケートが行われた。＊
(11) この店のオープン（　　　　）、店長から一言皆様にあいさつがあります。＊
(12) 新製品の開発（　　　　）、最新の技術もまた開発された。

1　につれて	2　にしたがって	3　にともなって
4　にあたって	5　にさきだって	6　に際して

100　～から…にかけて

接続：主に時間・時期を表す「名詞」＋から＋時間・時期を表す「名詞」＋にかけて

意味：今晩から明日の朝にかけて＝今晩から明日の朝のあいだ　※北海道から東北地方にかけて

例文：先週から今週にかけてずっと晴れの日が続いている。（1998年）

　　　奈良をおとずれるなら、3月から4月にかけての時期がおすすめです。（1994年）

　　　日本では、国立大学の入学試験は、ふつう2月から3月にかけて行われる。（1992年）

101　～にわたって／～にわたり／～にわたる／～にわたった

接続：主に時間・期間・回数を表す「名詞」＋に＋わたって／わたり／わたる・わたった＋「名詞」

意味：5年間にわたって＝5年間のあいだ、ずっと／5回にわたる会議＝5回も行われた会議

　　　100年にわたった戦争＝100年の間ずっと行われた戦争

例文：地球環境についての会議は、5回にわたって行われた。（2001年）

　　　人類は長い年月にわたって研究を重ね、ついに月面着陸に成功した。（1996年）

102　～に沿って／～に沿い／～に沿う／～に沿った

接続：主に、「道」や「川」などの「名詞」＋に＋そって／そい／～にそう・そった＋「名詞」

意味：川に沿って道路が続く＝「川」から離れずに道路が続く、進む

　　　※川に沿う道路／川に沿った道路

例文：駅前の通りにそってお土産を売る店が並んでいる。（2000年）

　　　お客さまの希望にそって、商品を作る。

✓ 103　～に比べて／～に比べ

接続：「名詞」＋に＋くらべて／くらべ

意味：兄に比べて弟はおとなしい＝「兄」と比較して

例文：他の国にくらべ、日本は子どもが生まれる割合が少ない。（1996年）

　　　去年の夏に比べ、今年は涼しくて過ごしやすい。

104　～にかわって／～にかわり　⇒137　～かわりに（p.70）

接続：「名詞」＋に＋代わって／代わり

意味：父にかわって息子が＝「父」ではなくて「息子」が

例文：出張している大川先生にかわって、今は小川先生が授業をしている。（2000年）

　　　アメリカに出張しております社長に代わり、私がごあいさつさせていただきます。

✓ 105　～にこたえて／～にこたえ／～にこたえる

接続：要求・期待・希望・質問などを表す「名詞」＋に＋こたえて／こたえ／～にこたえる＋「名詞」

意味：社員の要求にこたえて＝「社員の要求」に答えを出して

例文：監督は、選手を育てることにすべてのエネルギーを注ぎ、選手たちは、それにこたえて、今年の大会で優勝した。（2002年）

　　　学生の希望にこたえて、図書館でDVDが貸し出されることになった。（1998年）

I　左と右を線で結び、文を完成させなさい。

(1)	去年にくらべて	a	道が続く。
(2)	拍手にこたえて	b	地震があった。
(3)	川にそって	c	景色が一番きれいだ。
(4)	東北地方から北海道にかけて	d	もうすぐ終わる。やっと家族と暮らせる。
(5)	東京にくらべて	e	地方は物価がそれほど高くない。
(6)	５年にわたって行われてきた	f	古代遺跡の発掘調査。
(7)	病気の大川先生にかわって	g	兄が店を継ぐ。
(8)	ここは春から初夏にかけての	h	歌手は再び舞台に登場した。
(9)	海岸線にそって	i	今年はあたたかい。
(10)	死んだ父にかわって	j	ホテルが立ち並ぶハワイ。
(11)	２年半にわたった単身赴任生活も	k	パソコンの台数を増やした。
(12)	学生の要望にこたえて	l	小川先生が授業をする。

II　下の文の（　　　）の中にあてはまる言葉を 　　　 から選びなさい。

(1) 応援する人々の歓声（　　　）、マラソンランナーは走りながら手を振った。

(2) 積極的な姉（　　　）、妹は消極的だ。

(3) ３年間（　　　）上演されて来たこのミュージカルも、今年いっぱいで終了となる。

(4) ３丁目から４丁目（　　　）、夜間、水道工事が行われます。

(5) 出題基準の方針（　　　）、日本語能力試験の問題は作られる。

(6) 「もしもし、ゆきちゃん、パパだよ。ママ（　　　）くれる？」

(7) 彼の家では、学校から帰って復習をしてからでないとご飯を食べさせてもらえないそうだ。それ（　　　）、わが家はなんと、自由なことか。

(8) 明日から明後日（　　　）、日本列島はきびしい寒気団に覆われるでしょう。

(9) 彼女は、文字語彙、聴解、読解、文法、会話、作文のすべての科目（　　　）いい成績をおさめた。

(10) ファンの期待（　　　）、松井選手はホームランを打った。

(11) 会議は、議案（　　　）、進められた。

(12) 入院中の社長（　　　）、部長が取引先との会議に出席した。

1　にかけて		2　にわたって		3　にそって	
4　にくらべて		5　にかわって		6　にこたえて	

106　〜に応じて／〜に応じ／〜に応じては／〜に応じても／〜に応じた

接続：要求・期待・希望・質問などを表す「名詞」＋に＋おうじて／〜におうじた＋「名詞」

意味：①希望に応じて＝「希望」に対して答えを出して

　　　②年齢に応じた給料＝「年齢」に合った給料

例文：お客様のご要望に**おうじて**商品を開発していくつもりです。（1996年）

　　　この会社の給料は、社員の勤務年数に**応じて**、高くなる。

　　　能力ではなく、労働時間に**応じた**給料を払うべきだ。

107　〜に反して／〜に反し／〜に反する／〜に反した

接続：「名詞」＋に＋はんして／はんし／〜にはんする・はんした＋「名詞」

意味：予想に反して＝「予想」と反対に➡予想、予測と反対の結果を表す。

例文：政府の予測に**反して**、12月になった今も景気はよくなっていない。（2003年）

　　　テレビでは午後から晴れると言っていたが、予報に**反して**雨が降り続いている。（1998年）

　　　18歳の高校生が優勝するなんて。予想に**反する**結果に、みんなが驚いた。

108　〜に基づいて／〜に基づき／〜に基づく／〜に基づいた ⇒ 120 〜をもとに (p.64)

接続：「名詞」＋に＋もとづいて／もとづき／〜にもとづく・もとづいた＋「名詞」

意味：事実に基づいた作品＝「事実」を基本として、土台として作った作品

例文：これまでのアンケート調査に**もとづいて**新製品を開発した。（1998年）

　　　この作品は、歴史上の記録に**基づいて**描かれており、非常に感動的である。（1994年）

109　〜につき

接続：「名詞」＋に＋つき

意味：①祝日につき休業＝祝日なので休みます➡理由を表す

　　　②一日につき1万円＝「一日」で1万円／「一日」あたり1万円➡単位を表す

例文：昼休み中に**つき**、1時まで受付は留守になります。（2002年）

　　　ガス代は1か月に**つき**5000円かかります。（1996年）

110　〜につけても

接続：「それにつけても」という表現で、接続詞として使われることが多い。

意味：「それに関連して思うことですが」という意味

例文：子どものころいっしょに遊んだ彼が、総理大臣になった。それに**つけても**時の流れのなんと
　　　早いことか。（2002年）

⇒　〜につけ

接続：①動詞「辞書形」・形容詞「〜い」＋に＋つけ

意味：①テレビのニュースを見るにつけ＝テレビのニュースを見るたびに

　　　②「〜につけ…につけ」⇒いいにつけ悪いにつけ＝いい時も悪い時も

例文：社長はいいに**つけ**悪いに**つけ**、会社の現状を知る必要がある。（1996年）

Ⅰ　左と右を線で結び、文を完成させなさい。

(1)　工事中につき、 　　　　　　　　　　　a　ケーキを作ります。

(2)　当店では、注文におうじて、 　　　　　b　部下のしたことに文句を言う。

(3)　上司は何かにつけ、 　　　　　　　　　c　犯人を断定する。

(4)　みんなの期待に反して、 　　　　　　　d　仕事に対する責任も重くなる。

(5)　確かな証拠にもとづき、 　　　　　　　e　一か月につき２万円以上もかかる。

(6)　私の携帯電話の通話料は、 　　　　　　f　試合に負けてしまった。

(7)　事実にもとづいて作られた番組を 　　　g　他人の言葉に影響されるものだ。

(8)　人は、いいにつけ悪いにつけ、 　　　　h　立ち入り禁止。

(9)　収入におうじて、 　　　　　　　　　　i　ドキュメンタリー番組という。

(10)　気象庁の予想に反して、 　　　　　　　j　雨は降らなかった。

Ⅱ　下の文の（　　　）の中にあてはまる言葉を　□□□　から選びなさい。

(1)　煮る（　　　）焼く（　　　）、しょうゆは日本料理に欠かせない調味料だ。

(2)　店内整理中（　　　）、本日は休業とさせていただきます。

(3)　両親の「今度こそは男の子を」という期待（　　　）、生まれてきたのは女の子であった。

(4)　労働者は労働時間（　　　）給料を会社に対して要求した。

(5)　目撃者の証言（　　　）、犯人の似顔絵が作られ近辺に貼られた。

(6)　来週から始めるアルバイトの時給は１時間（　　　）1500円で、仕事の内容がきつい。

(7)　年齢（　　　）、社会的責任も重くなっていく。

(8)　うちの父はうれしい（　　　）悲しい（　　　）、お酒を飲む。

(9)　この映画は実際に起きたある事件（　　　）製作されたものである。

(10)　この博物館には、歴史の史料（　　　）、復元された住居や衣装が展示されている。

(11)　評価が低かったマスコミの予想（　　　）彼はトップで選挙に当選した。

(12)　学生時代は、よく学校をサボって喫茶店で友だちと何時間も将来について語り合ったものだ。あれから５年。それ（　　　）、月日の流れるのは早いものだ。

```
1　に応じて　　　2　に応じた　　　3　に反して　　　4　に基づいて
5　につけても　　6　につけ　　　　7　につき
```

111　〜にかけては

接続：得意なことを表す「名詞」＋に＋かけては

意味：本を読む速さにかけてはだれにも負けない＝「本を読む速さ」だけは、だれよりも速い

例文：妹は勉強はできないが、スケートにかけてはだれにも負けない。（2005年）

　　　意外だが、彼は将棋にかけてはかなりの腕の持ち主らしい。（2000年）

　　　父は魚釣りにかけてはだれにも負けない自信がある。（1997年）

　　　ほかのことは別として食べることにかけては、彼がクラスで一番だ。（1990年）

112　〜にしては

接続：「名詞」＋に＋しては／動詞「普通形」＋にしては

　　　い形容詞「普通形」＋にしては／な形容詞　※元気な➡元気にしては

意味：AにしてはB➡Aから予想される結果とちがって現実はBだ。

例文：この子はまだ10歳の小学生にしてはずいぶんしっかりしている。（2001年）

　　　初めて、てんぷらを作ったにしては、上手にできた。（1995年）

　　　彼は日本語の先生にしては日本語を知らない。（1994年）

　　　時間におくれるなんて、山田先生にしてはめずらしいことですね。（1991年）

113　〜にしたら／〜にすれば／〜にしても

接続：①「名詞」＋に＋したら／すれば　②「名詞」＋に＋しても／したって

意味：①妻にしたら＝「妻」の場合は／「妻」の立場で考えると＝妻にすれば

　　　②車だけでなく自転車にしても＝「自転車」の場合でも＝自転車にしたって

例文：大学の学費は高いというが、専門学校にしたって同じようなものだ。（1996年）

　　　他人から見ればただの夫婦ゲンカかもしれないが、彼女にしたら、離婚するかどうかの大問題なのである。

114　〜にしろ／〜にせよ／〜にもせよ

接続：主に動詞「辞書形」＋にしろ／せよ＋「ない形」＋にしろ／せよ

意味：行くにしろ行かないにしろ＝行っても行かなくても

　　　理由があるにせよ＝「理由がある」にしても➡理由があっても

例文：引き受けるにしろ引き受けないにしろ、返事はなるべく早くしたほうがいい。（2003年）

　　　たった1日の旅行にせよ、準備はしなければならない。（1998年）

115　〜にかかわらず／〜にもかかわらず／〜にかかわりなく／〜にはかかわりなく

接続：「名詞」＋に＋かかわらず／「普通形」＋にかかわらず

意味：①体調が悪いにもかかわらず＝「体調が悪い」のに／それにもかかわらず＝それなのに

　　　②天候にかかわりなく＝天候に関係なく＝天候にかかわらず

例文：彼は、夏休み中にもかかわらず、毎日学校へ行って勉強している。（2002年）

　　　サッカー大会の当日は、激しい雨だった。それにもかかわらず、試合は行われた。（2001年）

　　　天候にかかわらずあすの午前9時に旅行へ出発します。（1996年）

　　　だれもが不可能だと言っているにもかかわらず、彼は研究をあきらめようとしない。（1996年）

Ⅰ　左と右を線で結び、文を完成させなさい。

(1)　日本語の発音にかけては、　　　　　　　　a　返事だけはしてください。

(2)　初めて作ったにしては、　　　　　　　　　b　だれにも負けない。量でも負けないぞ。

(3)　行くにしろ行かないにしろ、　　　　　　　c　となりの国へ行くぐらいのお金はかかる。

(4)　国内旅行をするにしても、　　　　　　　　d　彼女がクラスで一番うまい。

(5)　食べる速さにかけては、　　　　　　　　　e　サッカーの試合は続けられた。

(6)　雨にもかかわらず、　　　　　　　　　　　f　日本の文化を知らないね。

(7)　彼女、日本語の先生にしては、　　　　　　g　日本語能力試験は受けるべきだ。

(8)　結婚式はしないにしても　　　　　　　　　h　友人にうそをついてはいけない。

(9)　進学するしないにかかわらず、　　　　　　i　結婚パーティーぐらいはするでしょう。

(10)　どんな事情があるにせよ、　　　　　　　　j　なかなかよくできている。

Ⅱ　下の文の（　　　　）の中にあてはまる言葉を　□□□　から選びなさい。（＊＝答えは一つではありません。）

(1)　後5分でこちらに着くと彼から連絡があったけれど、それ（　　　　）遅いね。

(2)　私は料理を作ること（　　　　）姉に負けないと思う。うそだと思うなら、ためしてごらん。いつでもごちそうするよ。

(3)　結婚式には出席しない（　　　　）、招待されたのだから、お祝いを贈らなくちゃ。＊

(4)　特別な事情があった（　　　　）、親友の私には相談してくれてもいいと思うのだが。＊

(5)　ダイエット中なのでほとんど食べていない（　　　　）体重が減らない。どうして？

(6)　たった3分のスピーチ（　　　　）、100人もの日本人の前でするのだから、日本語をまちがえることはできない。練習しなければ、恥をかく。＊

(7)　走ること（　　　　）、あの選手の右に出る者はいない。

(8)　彼、ダイエットしているらしいけど、それ（　　　　）、あまりやせて見えないね。

(9)　一生懸命勉強した（　　　　）、希望の大学には入れなかった。

(10)　家族よりも仕事に忙しい夫は、家事をしなくなった妻に腹を立てたが、妻（　　　　）非協力的な夫がいやになったのだろう。二人は、やがて離婚した。

　1　にかけては　　2　にしては　　3　にしても　　4　にせよ　　5　にもかかわらず

第4回　復習テスト

(1) 私に＿＿＿＿一番むずかしいのは、やはり文法です。
　　1　よって　　　　2　とって　　　　3　として　　　　4　おいて

(2) 日本の映画に＿＿＿＿、研究したいと考えています。
　　1　よって　　　　2　とって　　　　3　おいて　　　　4　ついて

(3) 来月、京都に＿＿＿＿国際会議が開かれる。
　　1　おいて　　　　2　とって　　　　3　ついて　　　　4　よって

(4) この国の政治＿＿＿＿、世界から注目が集まっている。
　　1　に反して　　　2　に際して　　　3　に応じて　　　4　に関して

(5) 安全より利益を重視する企業に＿＿＿＿、批判が強まっている。
　　1　対して　　　　2　際して　　　　3　応じて　　　　4　反して

(6) この音楽は、すべてコンピューターに＿＿＿＿作られているそうだ。
　　1　とって　　　　2　よって　　　　3　おいて　　　　4　ついて

(7) 経済が発展するに＿＿＿＿、ゴミの量も多くなる。
　　1　とって　　　　2　ともに　　　　3　つれて　　　　4　よって

(8) 経済が発展するに＿＿＿＿、少子高齢化が進んできた。
　　1　おいて　　　　2　あたって　　　3　わたって　　　4　したがって

(9) 都市の人口増加に＿＿＿＿、ゴミの問題は深刻化している。
　　1　もとづいて　　2　かわって　　　3　ともなって　　4　わたって

(10) 新学期の開始に＿＿＿＿、担任の先生からお話があった。
　　1　かけて　　　　2　わたって　　　3　そって　　　　4　あたって

(11) 映画の上映に＿＿＿＿、監督のあいさつがあった。
　　1　くらべて　　　2　つれて　　　　3　したがって　　4　さきだって

(12) 日本では6月の終わりから7月のはじめに＿＿＿＿、雨がたくさん降る。
　　1　かわって　　　2　そって　　　　3　かけて　　　　4　くらべて

(13) 田中教授の5年間に＿＿＿＿研究が、このたび、やっと完成したそうだ。
　　1　わたる　　　　2　あたる　　　　3　かける　　　　4　かわる

⑭ 大きな川に＿＿＿＿＿＿、鉄道の線路が続いている。
　　1　あたって　　　　2　わたって　　　　3　そって　　　　4　かけて

⑮ 日本の家は、欧米の家に＿＿＿＿＿＿、小さくてせまいと言われる。
　　1　かぎり　　　　　2　こたえて　　　　3　かわって　　　　4　くらべ

⑯ 出張している部長＿＿＿＿＿＿、課長が商品の説明をした。
　　1　にあたり　　　　2　にもとづき　　　3　にかぎり　　　　4　にかわり

⑰ 学生の希望に＿＿＿＿＿＿、土曜日も図書室が利用できるようにした。
　　1　わたって　　　　2　こたえて　　　　3　くわえて　　　　4　くらべて

⑱ この会社は、社員の勤務年数に＿＿＿＿＿＿、給料も上がる。
　　1　反して　　　　　2　際して　　　　　3　応じて　　　　　4　関して

⑲ みんなの予想に＿＿＿＿＿＿、15歳の新人が優勝した。
　　1　反して　　　　　2　際して　　　　　3　先立って　　　　4　関して

⑳ この映画は、客観的な歴史に＿＿＿＿＿＿、作られている。
　　1　際して　　　　　2　先立って　　　　3　関して　　　　　4　基づいて

㉑ 電気代は、1か月＿＿＿＿＿＿1万円もかかります。
　　1　をこめて　　　　2　として　　　　　3　につき　　　　　4　からして

㉒ いい＿＿＿＿＿＿悪い＿＿＿＿＿＿、自分に関して他人からの意見を聞くことは大事である。
　　1　につけ／につけ　2　やら／やら　　　3　のに／のに　　　4　から／から

㉓ うちの母は、魚の料理に＿＿＿＿＿＿、だれにも負けない自信がある。
　　1　しては　　　　　2　あたっては　　　3　かけては　　　　4　わたっては

㉔ 彼女、初めて日本へ来た＿＿＿＿＿＿、日本のことをよく知っていますね。
　　1　にしても　　　　2　にしては　　　　3　にせよ　　　　　4　にしろ

㉕ 駐車違反で罰金を取られるのは、自転車に＿＿＿＿＿＿、同じだ。
　　1　つけても　　　　2　したって　　　　3　かかわらず　　　4　したら

㉖ 理由があるに＿＿＿＿＿＿、うそをつくのはよくないことだ。
　　1　して　　　　　　2　すると　　　　　3　すれば　　　　　4　せよ

㉗ 天候に＿＿＿＿＿＿、明日の午後2時より試合を行います。
　　1　つけても　　　　2　しては　　　　　3　かかわらず　　　4　せよ

【～を】【～も】【～は】
116 ～をはじめ／～をはじめとする

接続：「名詞」＋を＋はじめ／「名詞」を＋はじめとする＋「名詞」

意味：東京をはじめ＝「東京」を最初に　東京をはじめとする日本の大都市➡代表的な例を表す

例文：私の町には、神社をはじめ、古い建物がたくさんある。（2005年）

　　　大学生の山田さんが結婚した。ご両親をはじめ、先生がたも喜んでいらっしゃる。（1998年）

　　　大都市にはゴミ処理問題をはじめ、犯罪の多発などの問題がある。（1995年）

117 ～を通して／～を通じて

接続：「名詞」＋を＋とおして／つうじて

意味：①テレビを通して伝える＝「テレビ」を間に立てて、「テレビ」を媒介して

　　　②一年を通じて＝一年の間ずっと

例文：日本に住む友人をとおして、大学の入学案内をもらった。（2002年）

　　　田中さんの父親を通じて、政治家のA氏にインタビューを申し込んだ。（1993年）

118 ～を中心に

接続：「名詞」＋を＋中心に

意味：若い女性を中心に人気がある＝「若い女性」が中心になって

　　　文法を中心に勉強する＝「文法」を中心の目的として勉強する

例文：この女性作家の作品は、10代の読者を中心に読まれている。（2003年）

　　　午前中は聴解を勉強する。午後は会話を中心に勉強することになっている。（1998年）

119 ～をきっかけに

接続：「名詞」＋を＋きっかけに／動詞「た形」＋の＋を＋きっかけに

意味：日本留学をきっかけに＝「日本留学」をいい機会にして、チャンスにして

例文：田中さんは、友だちのパーティーをきっかけに、ある男性と交際を始めたそうだ。（2003年）

　　　私は、2年前に肺を手術したのをきっかけに、健康に注意するようになった。（2000年）

120 ～をもとに／～をもとにして　⇒ 108 ～に基づいて　(p.58)

接続：「名詞」＋を＋もとに／もとにして

意味：事実をもとに話す＝「事実」を基本として、土台として➡事実にもとづいて話す

例文：この学校ではテストの成績と今までの学習期間をもとにクラスが決定される。（2003年）

　　　調査結果をもとに、会社の方針を決めようと思う。（2000年）

121 ～をめぐって

接続：「名詞」＋を＋めぐって

意味：空港建設をめぐって議論する＝「空港建設」に関係して、その周りで

例文：サービス残業をめぐって、会社側と労働者側が対立している。（2004年）

　　　工場の移転をめぐって住民の間でさまざまな意見が出されている。（2001年）

Ⅰ　左と右を線で結び、文を完成させなさい。

(1)　田中先生を中心に　　　　　　　　　　　a　家を建てる。

(2)　設計図をもとに　　　　　　　　　　　　b　渋谷、池袋などの繁華街がある。

(3)　東京には新宿をはじめ　　　　　　　　　c　研究が続けられた。

(4)　友人の結婚をきっかけに　　　　　　　　d　3人の男が争った。

(5)　海外旅行をきっかけに　　　　　　　　　e　勉強するクラスである。

(6)　彼女をめぐって　　　　　　　　　　　　f　彼女もお見合いをするようになった。

(7)　このクラスは会話を中心に　　　　　　　g　観光地が数多くある。

(8)　北京には万里の長城をはじめ　　　　　　h　英会話を始めた。

(9)　京都は四季を通じて　　　　　　　　　　i　インターネットを通して入ってきた。

(10)　市場でのアンケート調査をもとに　　　　j　家族の間で殺人事件が起こった。

(11)　なくなった社長の遺産をめぐって　　　　k　観光客が多い。

(12)　海外のテロのニュースが　　　　　　　　l　新商品を開発する。

Ⅱ　下の文の（　　　　）の中にあてはまる言葉を　[　　　　]　から選びなさい。

(1)　この商品はテレビ（　　　　）、いろいろなメディアに紹介され、売り上げを伸ばしている。

(2)　携帯電話は若者（　　　　）、子どもから年寄りまで広く使われている。

(3)　自分（　　　　）世界は回っていると考える人が多くなった。

(4)　レベル試験の結果（　　　　）、新しいクラスを作る。

(5)　　肺がんが主な原因だった友人の死（　　　　）、私も、たばこをやめた。

(6)　今度のお見合いの話は、親戚のおばさん（　　　　）持ってこられた。

(7)　ダム建設（　　　　）、住民が賛成、反対の二つに分かれて戦った。

(8)　友人の父親を（　　　　）、今の仕事を紹介してもらった。

(9)　目撃者の証言（　　　　）、犯人の似顔絵が作られ近辺に貼られた。

(10)　ボールペンを貸してあげたの（　　　　）、彼は彼女と親しく付き合うようになった。

(11)　この日本の歌は、アメリカ（　　　　）世界各国で歌われている。

(12)　労働条件の改善（　　　　）、労働者と会社側との間で12時間にわたる交渉があった。

(13)　オリンピックの経験がある監督（　　　　）、新しいチームが作られた。

1　をはじめ	2　を中心に	3　を通して／を通じて
4　をもとに	5　をきっかけに	6　をめぐって

122　〜をぬきにして／〜をぬきにしては／〜はぬきにして　⇒ 171 〜ぬきで（p.86）

接続：「名詞」＋を＋抜きにして／抜きにしては／「名詞」＋は＋抜きにして

意味：学費の問題をぬきにして＝「学費の問題」を除いて

　　　あいさつは抜きにして＝「あいさつ」はしないで＝あいさつ抜きで

例文：専門知識が必要な問題は先生をぬきにして議論しても仕方がない。（2004年）

　　　同じ会社の人ばかりですから、あいさつは抜きにしてさっそく会議を始めましょう。（1999年）

123　〜をこめて

接続：「心」「愛」「気持ち」などの「名詞」＋を＋こめて

意味：気持ちをこめて歌う＝「気持ち」を入れて歌う

例文：母の誕生日に、心を込めて料理を作った。（2004年）

　　　彼は、彼女の前で愛をこめてピアノをひいた。

124　〜を問わず

接続：「年齢」「性別」「職業」「学歴」「国籍」などの「名詞」＋を＋とわず

意味：国籍を問わず＝「国籍」などは関係なく、広く

例文：その小説は海外でも出版され、国籍や年齢を問わず、多くの人々に読まれている。（1998年）

　　　このアニメは、年齢を問わず、幅広い人気がある。（1995年）

　　　近年、性別や年齢を問わず、車を運転する人が増えている。（1991年）

125　〜もかまわず

接続：「名詞」＋も＋かまわず／動詞「辞書形」＋の＋もかまわず

意味：母親が注意するのもかまわず＝「母親の注意」も関係なく、無視して

例文：彼は、けがをした足が痛むのもかまわず、サッカーの試合に出場した。（2001年）

　　　彼女は、人目もかまわず大声で泣いた。

126　〜はもちろん／〜はもとより

接続：「名詞」＋は＋もちろん／もとより

意味：冬はもちろん春になってもまだ寒い＝「冬」は当たり前で、当然、寒い

例文：最近、日本では大学生はもちろん、小学生まで携帯電話を使うようになった。（2005年）

　　　面接試験では、言葉の使い方はもちろん履歴書の書き方までも判断の材料にされる。（2001年）

　　　小さい子ども用のものはもとより、高校生用の歴史や経済のマンガもよく見かける。（2000年）

　　　私は、晴れた日はもとより、雨の降る寒い日でも同じ道を散歩している。（1996年）

127　〜はともかく

接続：「名詞」＋は＋ともかく

意味：値段はともかくデザインがいい＝今は「値段」は問題にしないが、それよりデザインがいい

例文：この店の料理は、味はともかく値段が安い。（2004年）

　　　試験の結果はともかく、クラス全員最後までよくがんばった。（1998年）

Ⅰ　左と右を線で結び、文を完成させなさい。

(1)　この仕事は年齢を問わず、　　　　　　　　a　まずひらがなを覚えましょう。

(2)　観光シーズンはもちろん、　　　　　　　　b　応募できます。

(3)　彼を抜きにしては、　　　　　　　　　　　c　彼のセーターを編んだ。

(4)　漢字が書けるかどうかはともかく、　　　　d　来週の試験の準備はできてるの？

(5)　この公園の花壇は、四季を問わず、　　　　e　京都は一年中、観光客でにぎわう。

(6)　将来のことはともかく、　　　　　　　　　f　きれいな花が咲いている。

(7)　最近の若者は人目もかまわず、　　　　　　g　この計画を実行できない。

(8)　彼女は心をこめて、　　　　　　　　　　　h　彼女は最後までピアノを演奏した。

(9)　入学試験では筆記試験はもとより、　　　　i　電車の中でお化粧をする。

(10)　けがをした指が痛むのもかまわず、　　　　j　面接での態度も大切な判断基準だ。

(11)　あいさつは抜きにして、　　　　　　　　　k　歌った。

(12)　彼は、彼女のために、愛を込めて、　　　　l　さっそくパーティーを始めましょう。

Ⅱ　下の文の（　　　　）の中にあてはまる言葉を　　　　　　から選びなさい。

(1)　結果（　　　　）、その過程が大切だ。結果は考えなくていい。

(2)　日本のマンガは、世代（　　　　）、多くの人に読まれている。

(3)　子どもは親が呼んでいるの（　　　　）、ゲームに夢中になっていた。

(4)　給料（　　　　）、今は、就職できたことをすなおに喜びたい。

(5)　健康に育ってほしいという思い（　　　　）、息子に「健」という名前をつけた。

(6)　コンピューター（　　　　）は、現在の情報社会は成り立たない。

(7)　彼女は、人が見ているの（　　　　）、娘を大声でしかった。

(8)　日本のアニメは、子ども（　　　　）大人にまで人気がある。

(9)　「アルバイト募集のチラシを書きたいんだけど、なんて書こうか。」

　　　「だれでもいいんだろう？　じゃあ、国籍、年齢、性別（　　　　）と書けば？」

(10)　彼の家族（　　　　）、会社の同僚や学生時代のクラスメートで、彼のことをよく言う人は一人も
　　　いなかった。家族だけは、彼を弁護したのだ。

(11)　期待（　　　　）、先生は学生に応援のメッセージを送った。

(12)　彼女が子どものころから特別な才能を持っていたことを、家族（　　　　）、町のみんなが知って
　　　いた。

```
1  をぬきにして    2  を問わず      3  もかまわず
4  をこめて        5  はともかく    6  はもちろん／はもとより
```

128 〜として／〜としては

接続：「名詞」＋と＋して／しては

意味：留学生として日本に滞在する＝「留学生」という立場、身分で

例文：世界中の人々が、地球環境を自分の問題として考えることが求められている。（1993年）

みんなは彼の意見に賛成のようだが、私としては反対である。

129 〜としたら

接続：「普通形」＋と＋したら

意味：東京に家を建てるとしたら＝「家を建てる」と仮定したら

この薬を高校生に売るようなことがあったとしたら＝「売るようなこと」が事実だったら

例文：外国の車を買うとしたら、かなりのお金が必要になる。（2005年）

これだけの少ない予算で作るとしたら、せいぜい3人分の料理しかできない。（1995年）

もし、私の話の中に何か失礼な発言があったとしたら、深くおわびします。（1991年）

130 〜としても

接続：「普通形」＋と＋しても／動詞「意向形」＋としても＋「〜できない」など

意味：①もし東京に家を建てるとしても広い家は無理だ＝「家を建てる」と仮定しても

②いい大学に入ろうとしても＝「入ろう」と思っても（現実にはできない）

例文：亡くなった母のことはわすれようとしてもわすれられません。（1997年）

東京で家を買うとしても、それは通勤に不便な場所になるだろう。（1995年）

一人でそんなにたくさん持とうとしてもむりですよ。（1990年）

131 〜というより

接続：主に「名詞」＋と＋いうより

意味：学者というより政治家といった方がいい＝「学者」より「政治家」といった方が適当だ

例文：山田さんは何でもよく知っていて、技術者というより学者といったほうがいい。（1998年）

彼の性格はおとなしいというより、無気力に近い。

132 〜といえば／〜というと／〜といったら ⇒48 〜かといえば (p.32)

接続：①「名詞」＋と言えば／言うと／言ったら ②「〜か」＋と言えば／言うと／言ったら

意味：①山といえば富士山＝「山」という言葉から、すぐ「富士山」が連想される

②困ったかというと＝予想では「困った」と思われるが（実際はそうではない）

※なぜかというと＝なぜなら ※何かというと＝何でも、いつでも

例文：地図を忘れて出かけたが、困ったかといえば、それほどでもなかった。（2002年）

田中さんは、旅行というと必ず山の温泉に行く。（2000年）

私と兄は何かというと意見が対立する。（1997年）

Ⅰ　左と右を線で結び、文を完成させなさい。

(1)　これは個人の問題というより、　　　　　　a　頭から離れない。

(2)　社長は会社の責任者として、　　　　　　　b　やはり富士山だね。

(3)　日本で山と言うと、　　　　　　　　　　　c　社会全般の問題だ。

(4)　夏休みに旅行するとしたら、　　　　　　　d　恥ずかしくない行動をしたいものだ。

(5)　彼のことを忘れようとしても、　　　　　　e　社員の生活を守らなくてはいけない。

(6)　社会人として、　　　　　　　　　　　　　f　あきらめないで、研究を続けてください。

(7)　この料理は和風というより、　　　　　　　g　日本人は桜だね。

(8)　失敗したとしても、　　　　　　　　　　　h　海がいい？　山がいい？

(9)　結婚するとしたら、　　　　　　　　　　　i　洋風なんじゃないの。

(10)　花と言ったら、　　　　　　　　　　　　　j　どんな男性がいいかな。

Ⅱ　下の文の（　　　　）の中にあてはまる言葉を 　　　　 から選びなさい。

(1)　３億円の宝くじがあたった（　　　　）、どうする？

(2)　政治家（　　　　）ではなく、一国民（　　　　）の意見を聞かせてください。

(3)　これは学校教育の問題（　　　　）、家庭の問題ではないだろうか。

(4)　最近とても疲れていて、朝起きよう（　　　　）なかなか起きられない。

(5)　お金さえあれば何でもできるか（　　　　）そういうものでもない。

(6)　経済的な問題はあるが、親（　　　　）は、子どもの希望をできるだけかなえてやりたい。

(7)　なぜ山に登るか（　　　　）、そこに山があるからだ。

(8)　私の言ったことがあなたを傷つけた（　　　　）、ごめんなさい。

(9)　パソコンがほしいなあ。今は、お金がないから、買う（　　　　）、来年だな。

(10)　彼にとってお酒は「百薬の長」（　　　　）「万病のもと」といった方がいいだろう。

1　として　　2　としたら　　3　としても　　4　というより　　5　というと

133 〜といっても

接続：主に「名詞」＋と＋言っても／「普通形」＋と言っても

意味：家を建てたといっても＝「家を建てた」というのは本当ですが➡説明を加える時に使う

例文：「今、英語会話の教室に通っているの。**といっても**、週に１回だけだけど。」（2005年）

新しい家を建てるために借金をした。借金**といっても**、大した額ではないが。（2001年）

134 〜とともに　⇒ 96 〜にともなって／〜にともなう、94 〜につれて、95 〜にしたがって （p.54）

接続：「名詞」＋と＋共に

意味：交通の発達とともに海外旅行も増えてきた＝「交通の発達」といっしょに

例文：言葉は、時代の移り変わり**とともに**、発音や意味が少しずつ変化する。（1999年）

彼は家族**とともに**、海外へ引っ越すことになった。（1995年）

【〜○○に】
135 〜とおり／〜とおりに／〜どおり／〜どおりに

接続：動詞「辞書形」・「た形」＋とおり／とおりに／「名詞」＋どおり／どおりに

意味：予想したとおり失敗した＝予想と同じに➡予想どおりに　※注文どおり　時間どおり

予想したとおりの結果＝予想どおりの結果

例文：説明書**どおり**にコードを接続したのですが、スイッチを入れても動かないんです。（2005年）

友人の婚約者は、私が思った**とおり**の人だったので安心した。（1993年）

136 〜くせに

接続：「普通形」＋くせ＋に

意味：お金がないくせに高いものを買う＝「お金がない」のに➡びんぼうのくせに

例文：兄は文句ばかり言っている**くせに**、人から文句を言われるとすぐ怒る。（2005年）

あまり食べない**くせに**料理をたくさん皿にとらないでください。（1997年）

あの人はアメリカに３年もいた**くせに**、英語であいさつもできない。（1993年）

137 〜かわりに　⇒ 104 〜にかわって／〜にかわり （p.56）

接続：主に動詞「辞書形」＋かわりに＋「動詞」

意味：ＣＤを貸すかわりに本を貸してほしい＝私が「ＣＤを貸す」からあなたは「本を貸してほしい」

父が出るかわりに息子が出る＝父が出ないで息子が出る➡父のかわりに息子が出る

例文：前期の試験は、筆記試験を受ける**かわりに**レポート提出でもいいそうだ。（1999年）

明日、出勤する**かわりに**、あさっては休ませてください。（1992年）

138 〜ついでに

接続：動詞「辞書形」・「た形」＋ついでに

意味：手紙を出すついでに切手を買って来る＝「手紙を出す」機会を利用して「切手を買う」

例文：買い物に行く**ついでに**、切手を買ってきてくれない。（2005年）

父はバス停まで客を迎えにいった**ついでに**たばこを買ってきた。（2000年）

仕事で京都に行った**ついでに**、有名なお寺を見物してきた。（1995年）

第26回　練習問題 【～といっても】～【～ついでに】

Ⅰ　左と右を線で結び、文を完成させなさい。

(1)	夜明けとともに、	a	変わっていく。
(2)	試験には思ったとおり	b	それ、ちょうだい。
(3)	これあげるかわりに、	c	この文法の問題が出た。
(4)	言葉は時代とともに、	d	出発しよう。
(5)	出張のついでに、	e	合格できる。
(6)	学生のくせに	f	あしたは休んでもいいですか。
(7)	マンションを買ったんだ。	g	近くの観光地へ行って来た。
(8)	コンビニへ行くついでに、	h	といっても、中古のマンションだけど。
(9)	日本に1年もいるくせに、	i	ベンツに乗っている生意気なやつ。
(10)	今日、残業するかわりに、	j	たばこを買って来てくれない？
(11)	先生が言ったとおり勉強すれば、	k	といっても係長なのだが。
(12)	やっと昇進できた。	l	まだ、あいさつも日本語で言えない。

Ⅱ　下の文の（　　　）の中にあてはまる言葉を ☐ から選びなさい。

(1) 日の出（　　　）、登山隊は頂上を目指し、登って行った。

(2) 今の若者は手紙の（　　　）、電子メールを使う。

(3) 医者の指示（　　　）、薬を飲んで、ゆっくり休めば、早くよくなるでしょう。

(4) 彼は、もう大人の（　　　）、すぐ泣いてしまう。

(5) 明日、国の母が日本へ来るので、アルバイトができないんだけど、よかったら、私の（　　　）やってくれないかな？

(6) 友人を駅まで送って行った（　　　）、近くの本屋で雑誌を買って帰った。

(7) 先生が書く（　　　）に、皆さんも書いてみてください。

(8) 仕事でワシントンへ行く（　　　）、ホワイトハウスを見てこようと思っている。

(9) 君には世話になったから、今度、給料が出たらごちそうするよ。ごちそう（　　　）高級な所へは行けないけどね。

(10) 彼は、わかっていない（　　　）、すぐ他人の話に口を出そうとする。

(11) 少子化（　　　）、都会の小学校も少なくなっている。

(12) 先週入院しました。（　　　）1日だけでしたが。

1	といっても	2	とともに	3	とおり	4	どおり	5	くせに
6	かわりに	7	ついでに						

139 ～うちに／～うちは／～ないうちに

接続：動詞「辞書形」・「～ている」・「～ない」＋うちに

形容詞「～い」・「～な」＋うちに／「名詞」＋のうちに

意味：暗くならないうちに＝「暗くならない」あいだに＝暗くなる前に➡明るいうちに

⇒「暗くなった後は大変だから」という気持ちを表す

例文：雨が降らないうちに、早く家に帰ろう。（2002年）

若いうちはいろいろなことに挑戦した方がいい。（2001年）

この辺りは明るいうちに帰らないと、危険だ。（1999年）

国の母から届いた手紙を読んでいるうちに、思わず涙がこぼれた。（1994年）

両親が元気なうちに、旅行に連れて行ってあげようと思うのだが……。（1992年）

140 ～の末／～の末に／～た末／～た末に／～た末の

接続：「名詞」＋のすえに／動詞「た形」＋すえに／～すえの＋「名詞」

意味：なやんだ末に結論を出す＝「なやんだ」結果、結論を出す＝悩んだ末の結論

例文：この新しい機械は、何年にもわたる研究の末に完成したものだ。（2003年）

彼は、何度も何度も考えた末に、会社をやめるという結論を出した。

何時間も続いた議論のすえに、やっと結論が見えてきた。

141 ～たびに

接続：動詞「辞書形」＋たび＋に

意味：見るたびに感動する＝「見る」と、毎回、感動する

例文：山田さんは会うたびにちがう髪型をしている。（2003年）

中村さんは出張に行くたびに、おみやげを買ってきてくれる。（1995年）

この小説は読むたびに、違った印象を受ける。（1992年）

この歌を聞くたびに、昔のことを思い出す。（1991年）

142 ～わりに／わりには

接続：「普通形」＋割に／割には／「名詞」＋の割に／割には

意味：努力したわりに成績は悪かった＝「努力」にくらべて、結果は悪かった

➡予想とちがった結果を表す

例文：調査の結果、子どもの礼儀に対してきびしいわりには、多くの大人が敬語を正確に使えないことがわかった。（2004年）

この料理は、値段が高い割にはうまいとは言えない。（2000年）

引退した後も仕事をしている父は、年をとっているわりには元気だ。（1997年）

この仕事は、危険なわりに、給料が安い。（1995年）

私の好きな俳優は今年60歳になりますが、年齢のわりには若くみえます。（1994年）

Ⅰ　左と右を線で結び、文を完成させなさい。

(1)　彼女は、年のわりに、　　　　　　　　　a　外国のお土産を買って帰る。

(2)　父は海外出張するたびに、　　　　　　　b　おいしいね。

(3)　台風が来ないうちに、　　　　　　　　　c　アフリカ旅行をしてみたい。

(4)　このラーメン、値段のわりには、　　　　d　彼は、また社会に復帰した。

(5)　よくよく考えたすえに、　　　　　　　　e　やさしい笑顔を思い出す。

(6)　母の写真を見るたびに、　　　　　　　　f　若く見える。

(7)　元気なうちに、　　　　　　　　　　　　g　彼は、教師の道を選んだ。

(8)　長い入院生活の末に、　　　　　　　　　h　家へ早く帰ろう。

Ⅱ　下の文の（　　　　）の中にあてはまる言葉を　□□□　から選びなさい。

(1)　サッカーの試合では、選手が点を入れる（　　　　）、観客から大きな歓声があがる。

(2)　毎日、休まず練習を積んでがんばった（　　　　）は、いい記録が出かなった。

(3)　遅くならない（　　　　）帰った方がいいよ。女性の夜道の一人歩きは危険だから。

(4)　何か月も待ちつづけた（　　　　）、やっと彼から返事が届いた。

(5)　子どもの（　　　　）許されることが、大人になったら許されなくなる。

(6)　彼は、勉強をしたという（　　　　）は、今度の試験は成績が悪かった。

(7)　4年間の長距離恋愛をがまんした（　　　　）、二人はやっと幸せな家庭を持つことができた。

(8)　女性は恋をする（　　　　）きれいになっていく。

| 1　うちに | 2　うちは | 3　たびに | 4　すえに | 5　わりに |

143　〜だけに／〜だけあって／〜だけの／〜だけ

接続：主に「名詞」＋だけ＋に／「〜た」＋だけに／〜だけの（ことはある）

意味：①日本に住んでいただけあって日本語が上手だ＝「日本に住んでいた」ので、やはり上手だ

　　　　日本に住んでいただけのことはある＝「日本に住んでいた」ので、さすがだ

　　　②読めるだけ読む（動詞「可能形」＋だけ）＝読めるものは全部読む

　　　※できるだけ＝可能なかぎり、最大限

例文：彼はクラスの代表だけあって、みんなに信頼されている。（2003年）

　　　彼の日本語ははっきりしていて聞きやすい。日本に住んでいただけのことはある。（2002年）

　　　学生時代にやっていただけあって今でもバイオリンが上手だ。（1997年）

144　〜ばかりに

接続：動詞「た形」＋ばかりに

意味：お酒を飲んだばかりに＝「飲んだ」ために悪い結果になった➡飲まなければよかった！

例文：みんなの前でピアノが得意だなんて話したばかりにクラス会で演奏させられた。（2002年）

　　　パーティーの場所をたまたま知っていたばかりに、案内をさせられてしまった。（1998年）

　　　将来のことを考えずにこの大学を選んだばかりに、今、後悔ばかりしている。（1994年）

【その他　助詞の接続表現】
145　〜ばかりか

接続：「普通形」＋ばかり＋か／「名詞」＋ばかりか

意味：お金がないばかりか家もない＝「お金がない」だけでなく「家もない」＝お金ばかりか家もない

例文：彼は、親ばかりか、友人たちからも相当の金を借りているらしい。（2003年）

　　　先輩は、私に食事をごちそうしてくれたばかりか、お金まで貸してくれた。（2001年）

　　　彼は日本語ばかりか、フランス語、ドイツ語、そして中国語も話せるそうだ。（1999年）

146　〜のみならず

接続：「名詞」＋のみ＋ならず

意味：男性のみならず女性も＝「男性」だけではなく「女性」も

例文：A社は、社長のみならず、会社全体で不正な売買を行っていた。（2004年）

　　　出生率の低下は、日本のみならず、ほかの国でも問題になっている。（1993年）

147　〜も〜ば…も／〜も〜なら…も…

接続：「名詞」＋「〜も」＋「〜ば」＋「…も」／「名詞」＋も＋な形容詞「〜なら」＋「名詞」＋も＋「…」

意味：男性もいれば女性もいる＝男性も女性もいる／頭もよければ性格もいい＝頭も性格もいい

　　　日本語もできれば英語もできる＝日本語も英語もできる

　　　肉もきらいなら魚もきらい＝肉も魚もきらい

例文：まだ小学生のうちの子は、買い物もすれば、家の掃除もしてくれる。（2005年）

　　　掃除の好きな人もいればアイロンをかけるのが趣味という人もいる。（1990年）

　　　歌も歌えば、ダンスも踊る。／歌も上手なら、ダンスもうまい。

Ⅰ　左と右を線で結び、文を完成させなさい。

⑴	この店の焼肉は有名なだけあって、	a	歌も上手だ。
⑵	自信があっただけに、	b	歌手としても有名だ。
⑶	彼は映画俳優としてのみならず、	c	値段も安い。
⑷	あの店の料理は量も多ければ、	d	うまい。
⑸	余計なことを言ったばかりに、	e	出席率もよくない。
⑹	あの学生は授業態度も悪ければ、	f	子どもまで失った。
⑺	となりの奥さんは料理ばかりか、	g	失敗した時のショックは大きかった。
⑻	彼は韓国語のみならず、	h	パーティーはめちゃくちゃになってしまった。
⑼	彼女は、北国に住んでいただけあって、	i	どこも人でいっぱいだった。
⑽	交通事故で、夫ばかりか、	j	なぐられてしまった。
⑾	連休は天気がよかっただけに、	k	雪には慣れている。
⑿	きらわれ者の彼を呼んだばかりに、	l	中国語もしゃべれる。

Ⅱ　下の文の（　　　　）の中にあてはまる言葉を　□□□□　から選びなさい。（＊＝答えは一つではありません。）

⑴　彼女は、私が道に迷っていた時、道を教えてくれた（　　　　）、目的地まで連れて行ってくれた。

⑵　うちの息子は学校へ行く気（　　　　）なければ、仕事をする気（　　　　）ないらしい。これからどうする気だろう。

⑶　みんな旅行を楽しみにしていた（　　　　）、雨で中止になってがっかりしたようだ。＊

⑷　あの会社は、資金面（　　　　）人材面でも問題がたくさんある。＊

⑸　「これぐらい一人でできる」と言った（　　　　）、残業になってしまった。

⑹　この学校には、アジア（　　　　）、欧米からも学生がやって来る。＊

⑺　親が両方とも働いていて忙しい（　　　　）、週末はなるべく子どもと一緒に過ごすようにしている。＊

⑻　才能豊かなあの人は、絵（　　　　）描ければ、楽器（　　　　）ひける。

⑼　トレーニング不足と言っても、さすがチャンピオン（　　　　）、動きは速い。＊

⑽　友だちの恋人を映画にさそった（　　　　）、誤解されてしまった。

⑾　環境問題は、日本（　　　　）世界全体で考えなければならない大事な問題だ。

⑿　あの人は「生き字引」と言われる（　　　　）、何でもよく知っている。＊

1　だけに		2　だけあって		3　ばかりに
4　ばかりか		5　のみならず		6　も

⑴　大都市には、環境問題＿＿＿＿＿、さまざまな社会問題がある。
　　　1　をもとに　　　　2　をぬきで　　　　3　をはじめ　　　　4　をこめて

⑵　田中さんの父親＿＿＿＿＿、東京都知事にインタビューを申し込んだ。
　　　1　に際して　　　　2　に応じて　　　　3　を問わず　　　　4　を通じて

⑶　日曜日は、日本語の読解＿＿＿＿＿、勉強することにしている。
　　　1　をこめて　　　　2　を中心に　　　　3　を問わず　　　　4　をめぐって

⑷　娘から「太りすぎだ。」と言われたのを＿＿＿＿＿、私は運動を始めた。
　　　1　きっかけに　　　2　もとより　　　　3　かまわず　　　　4　もとにして

⑸　市場の調査結果を＿＿＿＿＿、今後の方針を決めることにした。
　　　1　ぬきにして　　　2　かまわず　　　　3　こめて　　　　　4　もとに

⑹　地球の温暖化＿＿＿＿＿、さまざまな議論が起きている。
　　　1　はともかく　　　2　をめぐって　　　3　もかまわず　　　4　をぬきにして

⑺　そんなかたいあいさつは＿＿＿＿＿、さっそくビールで乾杯をしましょう。
　　　1　もちろん　　　　2　中心にして　　　3　ぬきにして　　　4　もとにして

⑻　彼は、みんなの前で、気持ち＿＿＿＿＿スピーチした。
　　　1　をこめて　　　　2　をぬきにして　　3　もかまわず　　　4　はともかく

⑼　その映画作品は、国＿＿＿＿＿、世界中の人々に楽しまれている。
　　　1　をこめて　　　　2　をめぐって　　　3　を問わず　　　　4　もかまわず

⑽　あの遊園地は、天気のいい日は＿＿＿＿＿、雨の日も人でいっぱいだ。
　　　1　はともかく　　　2　をこめて　　　　3　をめぐって　　　4　もちろん

⑾　試合の結果は＿＿＿＿＿、みんな最後までよくがんばった。
　　　1　はじめ　　　　　2　ともかく　　　　3　もとにして　　　4　きっかけに

⑿　私は現在、留学生＿＿＿＿＿、日本に滞在している。
　　　1　としたら　　　　2　とすれば　　　　3　といえば　　　　4　として

⒀　宝くじで3億円あたった＿＿＿＿＿、まず、私は家を買うでしょう。
　　　1　としたら　　　　2　といっても　　　3　からといって　　4　というより

⑭ 何もしようとしない彼は、おとなしいと＿＿＿＿＿、無気力といった方がいい。
　　1　ともに　　　　　2　いっても　　　　3　いうより　　　　4　したら

⑮ 彼は、酒を飲まない＿＿＿＿＿、ぜんぜん飲めないわけではない。
　　1　といっても　　　2　といったら　　　3　とすれば　　　　4　としても

⑯ 彼は、中国語ができるため、社長の家族＿＿＿＿＿、ホンコンへ行くことになった。
　　1　というと　　　　2　といえば　　　　3　とともに　　　　4　というより

⑰ 先生が予想した＿＿＿＿＿、彼女は大学に合格した。
　　1　くせに　　　　　2　とおり　　　　　3　かわりに　　　　4　ついでに

⑱ 彼は、もう大人の＿＿＿＿＿、すぐ涙を見せる。
　　1　すえに　　　　　2　たびに　　　　　3　うちに　　　　　4　くせに

⑲ ノートを貸してあげる＿＿＿＿＿、ドライブに連れて行ってちょうだい。
　　1　かわりに　　　　2　わりに　　　　　3　うちに　　　　　4　くせに

⑳ 仕事で沖縄へ行った＿＿＿＿＿、一日、休みをとって、きれいな海で泳いできた。
　　1　すえに　　　　　2　とおりに　　　　3　ついでに　　　　4　たびに

㉑ 暗くならない＿＿＿＿＿、帰った方が安全だ。
　　1　わりに　　　　　2　うちに　　　　　3　すえに　　　　　4　たびに

㉒ 何カ月も考えた＿＿＿＿＿、やっと新商品のアイデアがまとまった。
　　1　割に　　　　　　2　通りに　　　　　3　末に　　　　　　4　度に

㉓ この本は、読む＿＿＿＿＿ちがった印象を受ける。
　　1　たびに　　　　　2　すえに　　　　　3　くせに　　　　　4　わりに

㉔ 彼の祖母は、年齢の＿＿＿＿＿、若く見える。
　　1　とおり　　　　　2　すえに　　　　　3　ついでに　　　　4　わりに

㉕ 彼は、日本語を勉強している＿＿＿＿＿、日本のことをよく知っている。
　　1　くせに　　　　　2　ついでに　　　　3　ばかりに　　　　4　だけあって

㉖ あの電車に乗った＿＿＿＿＿、事故にまきこまれてしまった。
　　1　とおり　　　　　2　ばかりに　　　　3　わりに　　　　　4　ついでに

㉗ 彼は、留学生の私に道を教えてくれた＿＿＿＿＿、目的地まで案内してくれた。
　　1　だけに　　　　　2　すえに　　　　　3　ばかりか　　　　4　ばかりに

148　～こそ

接続：「名詞」＋こそ　※"「普通形」＋から＋こそ"で使われることが多い。

意味：彼こそ先生の中の先生だ＝「先生」の模範は「彼」だ！➡他の人ではなく「彼」を強調する
　　　子どもがいるからこそがんばれる＝がんばれるのは「子どもがいる」という理由以外ではない

例文：私は旅行が好きだからこそ、それを職業にはしたくないと思っている。（2005年）
　　　親は、あなたのことを思っているからこそいろいろときびしく叱るのです。（1997年）
　　　インタビューに対して感情的に答えていることこそ、彼に何か問題があることの証拠だ。

149　～ほど　⇒87　～ほどだ（p.48）

接続：主に動詞「普通形」＋ほど／「名詞」＋ほど＋「形容詞」＋ものはない

意味：①信じられないほど＝「信じられない」ぐらい
　　　②富士山ほど高い山はない＝富士山が一番高い
　　　③人は危険な山ほど登りたくなる＝その山が危険であればあるほど登りたくなる

例文：暑い夏ほどエアコンは売れるものだと言われている。（2001年）
　　　若い母親のアイデアによってできた新製品は、おもしろいほどよく売れた。（2001年）
　　　あの人は日本人だということを感じさせないほど英語がじょうずだ。（1997年）
　　　この事故ほど人々に悲しみを与えた事故はないだろう。（1995年）
　　　道に迷った時、通りすがりの人に助けてもらって、涙が出るほどありがたかった。（1993年）

150　～ば～ほど

接続：動詞「～ば」＋動詞「辞書形」＋ほど／い形容詞「～ければ」＋「～い」＋ほど

意味：練習すればするほど上手になる＝「練習する」だけ程度が高くなる、強くなる

例文：このトヨタ自動車についての本は読めば読むほどおもしろくなる。（2004年）
　　　新しい言葉を覚えるのは若ければ若いほど早いと言えそうです。（1995年）
　　　日本語は、勉強すればするほどおもしろくなる。（1994年）
　　　考えれば考えるほど、頭が混乱することがある。（1993年）

151　～ながら

接続：動詞「ます形」＋ながら　例：～と知りながら　～と思いながら

意味：ありながら＝あるのに／知りながら＝知っているのに／思いながら＝思っているのに

例文：日本には、働く意欲や能力がありながら、仕事が見つからない者もいる。（1993年）
　　　健康に悪いと知りながら、お酒がやめられない人は多い。（1992年）

152　～つつ／つつも

接続：動詞「ます形」＋つつ／つつも

意味：悪いと思いつつ＝悪いと思っているのに＝悪いと思いながら➡「～ながら」の書き言葉

例文：早く起きて学校へ行かなければと思いつつも、なかなか起きられない。（1998年）
　　　飲みすぎは体に悪いと知りつつも、つい酒に手をのばしてしまう。（1995年）

第29回 練習問題 【～こそ】～【～つつ】

I 左と右を線で結び、文を完成させなさい。

(1) 彼は本当のことを知っていながら、   a 彼に本当のことを話そうと思っていたが……。

(2) 今日こそ、   b 知らないと言った。

(3) うそだろうとうたがいつつも、   c わからなくなる。

(4) 日本語は難しい。勉強すればするほど、   d 涙が出るほどさびしかった。

(5) 外国で病気になった時は、   e きびしく言うのです。

(6) あなたのことを思っているからこそ、   f ついだまされてしまう。

(7) 悪いことだと知りつつも、   g あやしくなる。

(8) 大学に合格した時は、   h なかなかやめられない。

(9) 就職試験は、残念ながら、   i 飛び上がるほどうれしかった。

(10) その話は、聞けば聞くほど、   j 不採用でした。

II 下の文の（　　　）の中にあてはまる言葉を ☐ から選びなさい。（＊＝答えは一つではありません。）

(1) あのチームは、実力があり（　　　）、なかなか優勝できない。

(2) 妻に悪いと思い（　　　）も、会社からの帰りに、つい酒を飲んでしまう。＊

(3) 彼女は恋をして、みちがえる（　　　）きれいになった。

(4) 親友だから（　　　）、秘密を話したのに、他の人にしゃべっちゃうなんて、ひどい。

(5) 山は、高けれ（　　　）高い（　　　）、挑戦する価値がある。

(6) 医者に止められてい（　　　）、ついたばこに手が伸びてしまう。

(7) この病気は発見が早けれ（　　　）早い（　　　）、治る可能性が高いそうだ。

(8) 彼は人一倍努力し、勉強もしてきた。だから（　　　）、今の地位まで出世できたのだ。

(9) 先生の家に招待された時、食べきれない（　　　）の日本料理が出た。

(10) もう進学できまいとあきらめ（　　　）も、心のどこかで、まだチャンスがあるのではないかと考えている。＊

> 1 こそ　　2 ほど　　3 ば　　4 ながら　　5 つつ

153 　〜やら〜やら

接続：「名詞」・動詞「辞書形」・形容詞「〜い」＋やら＋「名詞」・動詞「辞書形」・形容詞「〜い」＋やら

意味：ノートやらえんぴつやら＝「ノート」や「えんぴつ」などがたくさん

例文：彼のポケットにはいつもカード**やら**コイン**やら**が入っている。（1998年）

　　　彼の机の中には、海で拾ったガラスの球**やら**鳥の骨**やら**変なものがたくさんある。

154 　たとえ〜ても

接続：たとえ＋動詞「〜ても」／い形容詞「〜くても」／な形容詞「〜でも」／名詞「〜でも」

意味：たとえ世界中の人が反対しても＝もし「世界中の人が反対した」という場合でも

例文：**たとえ**家族に反対され**ても**、私は絶対に日本へ留学したい。（2005年）

　　　たとえアルバイトがつらく**ても**お金をためるまでやめられない。（1997年）

　　　携帯電話は、**たとえ**一人で静かにしていたい時**でも**、とつぜんかかってくる。（1996年）

　　　たとえ貧しく**ても**、家族がいっしょに暮らせるのが一番幸せだ。（1992年）

【〜○○で】
155 　〜おかげで

接続：「普通形」＋おかげで／「名詞」＋の＋おかげで

意味：友人が看病してくれたおかげで助かった＝「看病してくれた」ので➡いい結果の原因を表す

　　　先生のおかげで合格できた＝「先生が助けてくださった」から➡感謝の気持ちを表す

例文：アパートの近くにコンビニができた**おかげで**便利になってうれしい。（2002年）

　　　あの先生の**おかげで**、試験に合格できた。（1995年）

　　　彼がいろいろ教えてくれた**おかげで**、宿題が早く終わった。（1993年）

　　　テレビの料理番組で店が紹介された**おかげで**、客がたくさん来るようになった。（1991年）

156 　〜せいで／〜せいか

接続：「普通形」＋せいで／せいか／「名詞」＋の＋せいで／せいか

意味：電車が止まったせいで試験が受けられなかった＝「電車が止まった」ために

　　　➡悪い結果の原因「電車」が悪いという非難の気持ちを表す

　　　つかれているせいか元気がない＝「つかれている」からかもしれないが

例文：この商品は値段が高い**せいか**、質はよくても買う人がめったにいない。（2003年）

　　　病気の**せいで**何を食べてもおいしく感じない。（1998年）

　　　年をとった**せいか**、忘れっぽくなってしまいました。（1992年）

　　　天気が悪い**せいか**、どうも機械の調子が悪い。（1990年）

157 　〜一方で／〜一方では

接続：動詞「辞書形」＋いっぽう＋で／では

意味：お金持ちが増える一方で貧しい人も増えている＝「お金持ちが増える」と同時に

例文：勉強をする**一方で**、遊ぶことも忘れないという大学生が増えている。（1993年）

　　　大学で研究をする**一方で**、アルバイトをする学生も多い。

　　　親は子どもをきびしくしかる**一方で**、よく理解してあげることも必要である。

第30回　練習問題　【～やら】～【～一方で】

I　左と右を線で結び、文を完成させなさい。

(1)　この問題集のおかげで　　　　　　　　　a　弟が、母にしかられた。

(2)　お酒をたくさん飲んだせいで　　　　　　b　家族のことは忘れない。

(3)　たとえ離れてくらしていても　　　　　　c　食べかけのお菓子やらが散らかっている。

(4)　彼の部屋は、飲みかけのペットボトルやら　d　あの人とはデートしたくない。

(5)　たとえ1000万円もらっても　　　　　　e　今は、胃がムカムカする。

(6)　何もかも機械化される一方で　　　　　　f　仕事と勉強を両立させている若者もいる。

(7)　兄のいたずらのせいで　　　　　　　　　g　引っ越しは楽だった。

(8)　先輩が手伝ってくれたおかげで　　　　　h　私は試験に合格できた。

(9)　となりの夫婦げんかは、大声で怒鳴るやら　i　手作りのよさが見直されている。

(10)　遊んでばかりいる若者がいる一方で　　　j　食器を投げるやらで大変だった。

II　下の文の（　　　）の中にあてはまる言葉を 　　　　 から選びなさい。

(1)　たとえ合格できなく（　　　）、東京大学の試験に挑戦してみたい。

(2)　50歳の誕生日を会社の同僚に祝ってもらい、うれしい（　　　）はずかしい（　　　）であった。

(3)　彼女が休んだ（　　　）、仕事が増えてしまった。

(4)　医療技術が進歩した（　　　）、平均寿命が伸びた。

(5)　外で遊ぶ子どもが減る（　　　）、塾に通う子どもは増え続けている。

(6)　子どもが進学すると、入学金（　　　）授業料（　　　）で、お金がどんどん消えていく。

(7)　家が火事になったが、すぐに消防車が来てくれた（　　　）、家族全員、無事だった。

(8)　彼にふられて、むちゃくちゃに食べ過ぎた（　　　）、5キロも太ってしまった。

(9)　昼間は、留学生に日本語を教える（　　　）、夜は、大学院で法律を学ぶ先生もいる。

(10)　たとえどんなに困ったとし（　　　）、あの人にだけはお金を借りたくない。

```
1　やら　　2　ても　　3　おかげで　　4　せいで　　5　一方で
```

158　〜反面

接続：「普通形」＋反面

意味：都会は便利な反面、危険も多い＝「便利だ」が、同時に「危険」もある➡いい面と悪い面がある

例文：この車はスピードが出る**反面**、ガソリンをたくさん使うという欠点がある。（2005年）

この靴は水に強い**反面**、熱に弱い。（1998年）

日本の店でアルバイトすると、日本語の会話能力がつく**反面**、勉強時間が短くなる。

159　〜際／〜際に／〜際は　⇒98 〜に際して／〜に際し／〜に際しての (p.54)

接続：動詞「辞書形」＋際＋に／は　「名詞」＋の＋際に／は

意味：映画をごらんになる際は＝「映画を見る」時は

例文：東京へおいでの**際**には、ぜひわが社にお寄りください。（2005年）

美術館内を見学する**際**には、携帯電話の使用はご遠慮ください。（1999年）

会議終了後、お帰りの**際**は、受付まで名札をお戻しください。

160　〜最中に／〜最中だ

接続：動詞「〜ている」＋最中／「名詞」＋の＋最中

意味：勉強をしている最中に＝ちょうど「勉強している」時に

例文：風呂に入っている**最中**に、だれかがたずねて来た。（2002年）

今は会議の**最中**だから、私語は遠慮したほうがいいですよ。（1993年）

161　〜以上　⇒32 〜からには (p.26)

接続：動詞「た形」・「辞書形」＋以上

意味：試験を受ける以上100点をめざす＝「試験を受ける」のだから、当然

例文：日本語学校で学ぶ**以上**は、勉強だけでなく、世界の人々と交流したいと思う。（2005年）

いったん仕事を引き受けた**以上**は、途中でやめるわけにはいかない。（2001年）

もう酒は飲まないと決めた**以上**は、どんなことがあっても飲まないつもりだ。（1995年）

162　〜て以来

接続：動詞「〜て」＋いらい

意味：入学して以来＝「入学して」から、ずっと

例文：彼とは去年の同窓会で会っ**て以来**、一度も連絡を取っていない。（2004年）

先月の初めに少し雨が降っ**て以来**、晴れの日が続いている。（1999年）

163　〜次第　⇒85 〜次第だ (p.48)

接続：動詞「ます形」＋しだい

意味：準備ができ次第、出発します＝「準備ができ」たらすぐに

例文：参加者の人数がわかり**次第**、ご連絡いたします。（2005年）

田中は今、席をはずしておりますが、戻り**しだい**ご連絡をさしあげます。（2001年）

ご注文の品物が入り**しだい**お送りいたします。もうしばらくお待ちください。（1999年）

次回の予定が決まり**次第**、連絡してください。（1993年）

Ⅰ　左と右を線で結び、文を完成させなさい。

(1)　彼女は、入学して以来　　　　　　　　　a　肌ざわりが悪く、製品化しにくい。

(2)　この合成繊維は熱に強い反面、　　　　　b　口をきいていない。

(3)　電車を降りる際、　　　　　　　　　　　c　夕食の最中だった。

(4)　約束した以上は　　　　　　　　　　　　d　やさしくほめることも忘れなかった。

(5)　二人は、けんかして以来、　　　　　　　e　一度も遅刻、欠席なしだ。

(6)　彼の行方がわかり次第、　　　　　　　　f　守るべきだ。

(7)　夕方、友だちの家に行ったら　　　　　　g　最後まで責任を持ってやらなければならない。

(8)　母は、きびしくしかる反面、　　　　　　h　弟のところへ連絡してください。

(9)　満員になり次第、　　　　　　　　　　　i　携帯電話が鳴ってしまった。

(10)　大事な会議の最中に　　　　　　　　　　j　チケットの販売は終了となります。

(11)　お帰りの際には　　　　　　　　　　　　k　お忘れ物のないようにご注意ください。

(12)　仕事を引き受けた以上は　　　　　　　　l　受付に声をかけてください。

Ⅱ　下の文の（　　　　）の中にあてはまる言葉を □□□□ から選びなさい。

(1)　旅行のスケジュールが決まり（　　　　）、ご連絡します。

(2)　彼は、10年前に免許をとっ（　　　　）、事故を起こしたことが一度もない。

(3)　彼はとても陽気な（　　　　）、寂しがり屋でもある。

(4)　お風呂に入っている（　　　　）に、電話が鳴り、裸で出て行った。

(5)　大学の説明会に参加する（　　　　）、筆記用具を忘れずに持参すること。

(6)　社長の命令で転勤が決まった（　　　　）、家族を置いて単身でも、行かないわけにはいかない。

(7)　自分から進んでやると言った（　　　　）、途中で投げ出すことはできない。

(8)　洋子は今、出かけていますので、戻り（　　　　）電話させます。

(9)　都会の生活は便利で、近所付き合いがなく、気楽な（　　　　）、人と人の交流が少なく、冷たい
　　感じがする。

(10)　試験の（　　　　）は、トイレへ行けません。今のうちに行っておいてください。

(11)　学校始まっ（　　　　）の成績で卒業した彼は、現在、母国で実業家として活躍している。

(12)　賃貸契約を解除する（　　　　）は、1か月以上前から手続きをしなければならない。

1　反面	2　際に	3　最中	4　以上	5　て以来	6　次第

164　～次第では　⇒85　～次第だ（p.48）

接続：「名詞」＋しだい＋では　※努力次第では／やり方次第では／考え方次第では

意味：努力次第では合格の可能性もある＝「努力」によっては、結果が変わる可能性がある

例文：山田先生のご都合次第では来週の講義はお休みになります。（2003年）

　　　こちらの条件次第では彼もこの仕事を手伝ってくれるかもしれない。（1998年）

【～た○○】
165　～たとたん

接続：動詞「た形」＋とたん

意味：暑くなったとたんビールが売れ始めた＝「暑くなった」と思ったら、すぐに

例文：彼女は国から届いた家族の写真を見たとたん、泣き出してしまった。（2002年）

　　　窓を開けたとたんに小鳥が部屋の中へ飛び込んできた。（1998年）

　　　すずしくなったとたん、クーラーの売れ行きが悪くなってしまった。（1992年）

166　～たあげく

接続：動詞「た形」＋あげく

意味：よっぱらったあげく寝てしまった＝「よっぱらった」後で、結局、最後に

例文：彼女はいろいろと悩んだあげく、大学進学をやめてしまった。（2003年）

　　　今度の旅行はどこにしようかと、さんざん悩んだあげく、北海道に決めた。（1995年）

167　～きり　⇒83　～きりだ（p.48）

接続：動詞「た形」＋きり

意味：彼とは高校を卒業した日に別れたきり、10年も会っていない＝「別れた」後、そのまま

例文：何も言わず出て行ったきり、彼は帰って来なかった。（1995年）

【その他】
168　～あまり

接続：動詞「辞書形」＋あまり（に）／「名詞」・「形容詞名詞形　～さ／～み」＋の＋あまり（に）

意味：心配するあまり食べることもできない＝「心配し」すぎて➡心配のあまり

　　　さびしさのあまり自殺した＝あまりに「さびし」すぎて自殺した

例文：何でも自分一人で責任をとろうとするあまりに、無理をして体をこわす人がいる。（2005年）

　　　試験の結果を気にするあまり、前の晩は1秒も眠れなかった。（2002年）

　　　彼女は第一希望の大学に合格し、うれしさのあまり泣き出した。（1997年）

　　　父親は娘の死を知らされて、悲しみのあまり、病気になってしまいました。（1993年）

169　～かけの／～かけだ　⇒76　～かける（p.44）

接続：動詞「ます形」＋かけ＋の＋「名詞」

意味：読みかけの本＝まだ「読んでいる」途中の本＝本を読みかけで

例文：テーブルの上に置いてあった読みかけのマンガを母は捨ててしまった。（1998年）

　　　朝ご飯を食べかけのまま、会社へと急いだ。

I　左と右を線で結び、文を完成させなさい。

(1)　終了のベルが鳴ったとたん、　　　　　　a　母は病気になってしまった。

(2)　子どもを心配するあまり、　　　　　　　b　日本語は上手にも下手にもなる。

(3)　勉強のやり方次第で、　　　　　　　　　c　学生は教室から出て行った。

(4)　「行ってきます」と出て行ったきり、　　d　国立大学をあきらめた。

(5)　どこを受けるか、悩んだあげく、　　　　e　国立大学に入れるかもしれない。

(6)　彼は、栄養不足のあまり、　　　　　　　f　泣き出した。

(7)　迷子の男の子は母親の顔を見たとたん、　g　倒れてしまった。

(8)　試験の結果次第では、　　　　　　　　　h　ベッドに寝たきりになってしまった。

(9)　すいかけのたばこが　　　　　　　　　　i　夫は、夜遅くまで戻って来ない。

(10)　彼は、交通事故が原因で、　　　　　　　j　電車の中に忘れてきてしまった。

(11)　社長は、借金が返せず、困ったあげく、　k　テーブルの上にある。

(12)　書きかけのレポートを　　　　　　　　　l　自殺してしまった。

II　下の文の（　　　　　）の中にあてはまる言葉を　□□□□　から選びなさい。

(1)　日本語能力試験の結果を見（　　　　　）、彼女は飛び上がって喜んだ。

(2)　かわいがっていたペットの犬が死んで、彼女は悲しみの（　　　　　）、寝こんでしまった。

(3)　もうすぐお客さんが来るから、そこの読み（　　　　　）雑誌を早くかたづけて！

(4)　合格の可能性は少ないが、努力（　　　　　）、まだ間に合うかもしれない。

(5)　彼女とは、10年前にぐうぜん新宿で会っ（　　　　　）、顔も見なければ電話の声も聞いていない。

(6)　彼はずっと欠席をし、授業料も寮費も払わず、学校にさんざん迷惑をかけ（　　　　　）行方不明になってしまった。

(7)　今朝、東京都庁の職員が届いた郵便物を開け（　　　　　）、その箱が爆発したそうだ。

(8)　まだまだ彼の能力の限界までには余裕がある。練習（　　　　　）、世界記録が出せるかもしれない。

(9)　太っていることを気にする（　　　　　）、彼女は何も食べなくなってしまった。

(10)　客は店内の商品をいろいろ見（　　　　　）、何も買わずに出て行った。

(11)　突然、玄関のチャイムが何度も鳴ったので、私は、あわてて編み（　　　　　）セーターを持ったままドアを開けた。そうしたら、なんと近所の子どものいたずらだった。

(12)　日本に来てから一度、母に手紙を書い（　　　　　）、彼は、行方不明となった。

1　次第では	2　たとたん	3　たあげく	4　たきり	5　あまり	6　かけの

170 〜がちの ⇒82 〜がちだ／〜がちになる (p.46)

接続：動詞「ます形」・「名詞」＋がちの＋「名詞」

意味：遅れがちの時計＝「遅れる」ことが多い時計、「遅れる」傾向がある時計

例文：子どものころ、病気がちのいとこを見舞いに行ったことがある。（1998年）

171 〜ぬきで／ぬきでは／ぬきに／ぬきには／ぬきの ⇒122 〜をぬきにして (p.66)

接続：「名詞」＋ぬき＋で

意味：説明抜きで＝「説明」はしないで、「説明」は省略して

例文：冗談ぬきでアンケートに答えてください。（1996年）

　　　時間がありませんので、くわしい説明抜きで商品の紹介をさせていただきます。

172 〜むけに／むけの／むけだ

接続：「名詞」＋向け＋に　※女性向け・日本人向け・学生向け・サラリーマン向け

意味：子ども向けに作られた携帯電話＝「子ども」を対象として作られた＝子ども向けの携帯電話

例文：このアニメ映画は大人向けなので、子どもにはおもしろくないだろう。（2000年）

　　　あのマンションは一人暮らしの若者むけに部屋が作られている。（1997年）

　　　※サッカーのワールドカップの成功にむけ、競技場の建設が行われている。（2003年）

173 〜向きに／向きの／向きだ

例文：どちらかというとこれは子ども向きの本だ。（未出題）

174 〜なんか／〜なんて

接続：「名詞」＋なんか／「普通形」＋なんて＋「知らない」「思わない」「信じられない」など

意味：結婚なんかしたくない＝「結婚」などしたくない➡結婚なんてしたくない

　　　結婚できるなんて思わない＝「結婚できる」などとは思わない➡会話の時に使う。

例文：船に乗って気持ち悪くなったから、もう魚つりなんか行きたくない。（1999年）

　　　彼女が結婚しているなんて、ちっとも知らなかった。

175 〜だらけ ⇒81 〜だらけだ (p.46)

接続：「名詞」＋だらけ＋（になる）／「名詞」＋だらけの＋「名詞」

意味：部屋はゴミだらけになった＝「ゴミ」がいっぱいになった

　　　ゴミだらけの部屋＝「ゴミ」がいっぱいある部屋

例文：今や私の机の上は切手だらけになってしまった。（1993年）

　　　まちがいだらけの答案用紙がかえって来て、ショックだった。

176 〜とか

接続：「普通形」＋とか

意味：九州は大雨だったとかで、一時停電したらしい＝「大雨だった」そうで➡伝聞を表す。

例文：ゆうべ、酒を飲みすぎたとかで、小川さんは今日の昼まで寝ていた。（2005年）

　　　「北海道は、昨日、大雪だったとか。」

Ⅰ　左と右を線で結び、文を完成させなさい。

(1)　「彼女へのプレゼント、何がいいかな？」　　a　始めましょう。

(2)　この辞書は小学生向けなので、　　　　　　b　帰って来る。

(3)　来週は、くもりがちの　　　　　　　　　　c　「花なんかどう？」

(4)　時間がないから、あいさつ抜きで、　　　　d　天気が続くでしょう。

(5)　うちの子はいつも泥だらけになって、　　　e　だいきらい！

(6)　20代の女性向けの　　　　　　　　　　　　f　出ている言葉の数が少ない。

(7)　お母さんなんか、　　　　　　　　　　　　g　部屋がゴミだらけになってしまった。

(8)　寒くなってきたせいか、最近、家の中に　　h　じょうだん抜きでいこう。

(9)　大事な話なんだから、　　　　　　　　　　i　こもりがちになってきた。

(10)　もう１カ月も掃除をしていないので、　　　j　新しい雑誌が発売された。

Ⅱ　下の文の（　　　）の中にあてはまる言葉を　□□□□　から選びなさい。

(1)　「あなた、昨日も遅かったようだけど、また、お酒？」

　　　「違うよ、お酒（　　　）じゃないよ。仕事だよ、仕事。」

(2)　ドイツの自動車メーカーは、日本（　　　）右ハンドルの車を輸出している。

(3)　だれでも年をとって、仕事をしなくなると、物事を忘れ（　　　）になるものだ。

(4)　時間がなかったので、朝ご飯（　　　）出社した。

(5)　どんなに練習してもうまくならない。もう、サッカー（　　　）やめよう。

(6)　無人の部屋には、なぜか血（　　　）のふとんがしかれていた。

(7)　さっき田中さん本人から、少し遅れるという連絡が入りましたので、とりあえず、田中さん

　　　（　　　）、研究会を始めたいと思います。

(8)　日本で学ぶ留学生（　　　）、インターネットのホームページを作り、情報を交換したい。

(9)　会話が、とぎれ（　　　）になった時は、話題を変えたり、場所を変えたりするといい。

(10)　やっと試験が終わったが、まちがい（　　　）の答案用紙が返って来るのがこわい。

1　がち　　2　抜きで　　3　向けに　　4　なんか　　5　だらけ

【接続表現】

177　～に加えて／～に加え

接続：「名詞」＋に＋くわえて／くわえ

意味：才能に加えて経験もある＝「才能」だけではなく、それにプラスして「経験」もある

例文：運転士の経験不足に加え、利益を優先する考え方が、大事故を引き起こした。

178　～のもとで／～のもとに

接続：「名詞」＋の＋もとで／もとに

意味：18歳まで両親のもとで育つ＝「両親」の下で、援助を受けて

例文：先生のご指導のもとで研究を続けた。／親戚の保護のもとに育つ。

179　～を…として／～とする／～とした

接続：「名詞」＋を＋「名詞」＋と＋して／「名詞」＋を「名詞」＋とする（とした）＋「名詞」

意味：田中さんを代表として選ぶ＝田中さんを代表に選ぶ

例文：林さんをリーダーとしてチームを作る。／社会奉仕を目的とする団体

180　～を契機に／契機として　⇒119 ～をきっかけに (p.64)

接続：「名詞」＋を＋契機に

意味：日本留学を契機に＝「日本留学」をいい機会にして

例文：社長は、本社の引っ越しを契機として、会社の再建にとりかかった。

【文末表現】

181　～に相違ない　⇒60 ～にちがいない (p.38)

接続：「普通形」＋に＋相違（そうい）ない／「名詞」＋に＋相違ない

意味：うそに相違ない＝まちがいなく「うそ」である➡うそをついているに相違ない

例文：犯人は彼に相違ない。／すでに帰国したに相違ない。

✓ 182　～っぽい

接続：「名詞」＋っぽい／動詞「ます形」＋っぽい➡「～っぽく」なる

意味：子どもっぽい話し方＝「子ども」の特色、特徴が表れている話し方

例文：彼の話は、なんだかうそっぽい。／最近、年のせいか、忘れっぽくなった。

　　　　※安っぽい品物／ほこりっぽい部屋／あきっぽい性格

✓ 183　～げ

接続：「い形容詞」（～い）➡「～げ」＋に／な

意味：さびしげに＝さびしそうに　かなしげな顔＝かなしそうな顔

例文：彼は、さびしげに笑った。

第6回　復習テスト

(1) 彼女は音楽が得意で、歌も＿＿＿＿＿＿ダンスもおどれる。
　　1　歌うと　　　　　2　歌ったら　　　　3　歌えば　　　　4　歌うほど

(2) 日本人＿＿＿＿＿＿、電車の遅れることに敏感な国民は他にないだろう。
　　1　のみ　　　　　　2　ばかり　　　　　3　だけ　　　　　4　ほど

(3) 才能があり＿＿＿＿＿＿、それを生かすことができない人もいる。
　　1　がち　　　　　　2　ながら　　　　　3　ぎみ　　　　　4　だらけ

(4) 体に悪いと思い＿＿＿＿＿＿、たばこがやめられない人も多い。
　　1　がち　　　　　　2　かけ　　　　　　3　ぎみ　　　　　4　つつ

(5) 彼の机の中には、雑誌＿＿＿＿＿＿ＣＤ＿＿＿＿＿＿が入っている。
　　1　やら／やら　　　2　しろ／しろ　　　3　つけ／つけ　　　4　つつ／つつ

(6) たとえ＿＿＿＿＿＿、家族がいれば希望の光は消えない。
　　1　まずしいなら　　2　まずしかったら　3　まずしくても　　4　まずしければ

(7) 彼が手伝ってくれた＿＿＿＿＿＿、仕事が早くすんだ。
　　1　くせに　　　　　2　おかげで　　　　3　せいで　　　　　4　ためで

(8) 親は、きびしく子どもをしかる＿＿＿＿＿＿、ほめてあげることも必要だ。
　　1　ながら　　　　　2　つつ　　　　　　3　ともに　　　　　4　一方で

(9) 機械を使うと、早くできる＿＿＿＿＿＿、細かい仕事ができなくなる。
　　1　最中　　　　　　2　以上　　　　　　3　反面　　　　　　4　次第

(10) コンサートのとちゅうでお帰りになる＿＿＿＿＿＿、受付にお寄りください。
　　1　際は　　　　　　2　最中は　　　　　3　次第は　　　　　4　以上は

(11) 試験の＿＿＿＿＿＿に、携帯電話が鳴った。
　　1　以来　　　　　　2　次第　　　　　　3　最中　　　　　　4　一方

(12) 一人でやると言った＿＿＿＿＿＿、ほかの人には頼めない。
　　1　以来　　　　　　2　以上　　　　　　3　あまり　　　　　4　あげく

(13) 先月のはじめに雨が＿＿＿＿＿＿以来、晴れの日が続いている。
　　1　ふると　　　　　2　ふり　　　　　　3　ふった　　　　　4　ふって

(14) 予定が決まり＿＿＿＿＿＿、ご連絡いたします。
1　以来　　　　　　2　次第　　　　　　3　一方　　　　　　4　以上

(15) たのみ方＿＿＿＿＿＿、彼が協力してくれるかもしれない。
1　次第から　　　　2　次第に　　　　　3　次第と　　　　　4　次第では

(16) 彼が家を出た＿＿＿＿＿＿、かみなりが鳴り、はげしい雨が降り出した。
1　あげく　　　　　2　とたん　　　　　3　きり　　　　　　4　あまり

(17) 志望大学を決めるため、さんざん悩んだ＿＿＿＿＿＿、彼は大学へ行かないことにした。
1　とたん　　　　　2　以上　　　　　　3　あげく　　　　　4　きり

(18) 「もう終わりだ」と言った＿＿＿＿＿＿、夫は口をきかなくなってしまった。
1　きり　　　　　　2　以上　　　　　　3　あげく　　　　　4　末に

(19) 母が入院したと聞いて、心配の＿＿＿＿＿＿、夜、眠れなかった。
1　とおり　　　　　2　のこり　　　　　3　かわり　　　　　4　あまり

(20) 時間がなかったので、朝ご飯を食べ＿＿＿＿＿＿まま、会社へと急いだ。
1　ぬきの　　　　　2　かけの　　　　　3　がちの　　　　　4　ぎみの

(21) 子どものころ、病気＿＿＿＿＿＿いとこを見舞いに行ったことがある。
1　かけの　　　　　2　むけの　　　　　3　がちの　　　　　4　ぬきの

(22) 今日はあいさつ＿＿＿＿＿＿、さっそく会議に入りましょう。
1　ぬきで　　　　　2　ぎみで　　　　　3　きりで　　　　　4　かけで

(23) この日本の自動車メーカーは、若者＿＿＿＿＿＿、スポーツカーも作っている。
1　抜きに　　　　　2　気味に　　　　　3　勝ちに　　　　　4　向けに

(24) 彼女に子どもがいる＿＿＿＿＿＿、ちっとも知らなかったよ。
1　なんか　　　　　2　なんて　　　　　3　なんで　　　　　4　なにか

(25) この歴史の本は、まちがい＿＿＿＿＿＿だと言われている。
1　ぎみ　　　　　　2　っぽい　　　　　3　ぬき　　　　　　4　だらけ

(26) 彼は、現在、田中教授の＿＿＿＿＿＿、研究を続けている。
1　せいで　　　　　2　もとで　　　　　3　うえで　　　　　4　すえで

(27) 入試では、筆記試験＿＿＿＿＿＿、面接試験も行われる。
1　につれて　　　　2　にこたえて　　　3　にあたって　　　4　にくわえて

◇尊敬語◇

1　お／ご〜くださる

会社にもどられたら、社長によろしくおつたえください。（1997年）

先生がていねいにご説明くださったので、外国人の私にもよくわかりました。（1991年）

2　ごらんくださる：先生は私の論文をごらんくださった。

3　おいでくださる／おいでください

本日は雨の中、わざわざおいでくださって、ありがとうございました。（2004年）

4　おこしください／おこしになる

大阪へ引っ越しましたので、近くにおこしになった時は、お立ち寄りください。（2002年）

5　〜せてくださる：先生は私にその本を使わせてくださった。

6　お／ご〜です：先生がお呼びです／どんな問題をご研究ですか。

7　お／ご〜になれる：この部屋ならゆっくりお話しになれますよ。

8　お／ご〜なさる：先生は経済をご研究なさっている。

9　〜でいらっしゃる：おじょうさんはきれいでいらっしゃる。／あの方は社長でいらっしゃる。

10　〜くていらっしゃる：あの方はお忙しくていらっしゃる。

11　〜ておいでになる：先生は経済を研究しておいでになる。

12　あがる：ご飯をあがる／お酒をあがる

◇謙譲語◇

13　〜せていただく

ここに私の荷物を置かせていただいてもいいですか。（2004年）

先生がお書きになった小説を楽しく読ませていただきました。（1996年）

「今日は熱があるので、休ませていただきたいのですが。」（1995年）

「お先に失礼させていただきます。」（1993年）

14　お／ご〜いただく：社長にお招きいただいた。／先生にご説明いただいた。

15　お／ご〜ねがう：こちらまでお越し願います。／ご検討願えませんか。

16　お／ご〜できる：明日、お届けできます。／私がご案内できます。

17　お／ご〜もうしあげる：お願い申し上げます。／ご案内申し上げます。

18　おめにかかる

私は社長の奥様に、銀座で一度お目にかかったことがあります。（2004年）

この件に関しては私が先生にお目にかかった時に、お話しいたします。（2002年）

また皆様にお目にかかりたいと思っておりますが、なかなか時間がなく、失礼しております。（1994年）

19　おめにかける：実物をお目にかけましょう。

20　ごらんにいれる：実物をごらんに入れましょう。

21　ぞんじる／ぞんずる

2年ぶりになりますが、先生にはお変わりなくお過ごしのことと存じます。（1999年）

22　ぞんじあげる：社長のことは以前から、よく存じ上げております。

23　うけたまわる

　　先生のご意見をうけたまわる。

　　7時よりご予約、うけたまわっております。(2005年)

24　ちょうだいする：先生からお土産を頂戴した。

25　はいしゃくする：先生の自転車を拝借した。

26　〜てまいる：ずいぶん寒くなってまいりましたが、いかがお過ごしでしょうか。(1993年)

27　あがる：先生のお宅へ上がる。

◇丁寧語◇

28　い形容詞「〜く」⇒〜うございます

　　高い➡お高うございます／寒い➡お寒うございます

　　おいしい➡おいしゅうございます／おもしろい➡おもしろうございます

　　行きたい➡行きとうございます

　　※めでたい➡おめでとうございます／ありがたい➡ありがとうございます

◇3級・その他◇

　　山田教授がお書きになったエッセイを、雑誌で拝見いたしました。(2000年)

　　私は何でもおいしくいただいております。(1997年)

　　先生の研究室にうかがってもよろしいでしょうか。(1993年)

　　この雑誌をあさってまでお借りしてもよろしいでしょうか。(1995年)

　　「今度の旅行で撮った写真を、ちょっとお見せしましょうか。」(1994年)

　　「社長、私が部屋まで荷物をお持ちします。」(1992年)

　　この部屋でお待ちになってください。(1996年)

　　先生がお書きになった論文のことでおうかがいしたいんですが。(1993年)

　　今度のコンサートのポスターは田中くんにかかせてやってくださいませんか。(2000年)

　　ペンを忘れてしまったんですが、ちょっと貸してもらえませんか。(2000年)

　　先生にはわかっていただけると思っていました。(1997年)

　　今日はデートなので母が私に買ってくれたワンピースを着て行こう。(1996年)

　　店に来るお客様に親しみをもってもらいたいと思っています。(1990年)

　　自分の子どもには好きな道を進んでもらいたいと思う。(1990年)

◇2級相当◇

2005年

1 論文を書いたことは書いたんですが、まだ十分ではありません。

2 他の人の答えを写しただけでは勉強したことにはならない。

3 この宇宙計画は、火星を調査しようというものだ。

4 この大学に入るためには、日本留学試験を受けなければならない。

2004年

1 秋に旅行に行くのなら、山がいい。

2 本日はわざわざおいでくださって、ありがとうございました。➡敬語

3 ここに私の荷物を置かせていただいてもいいですか。➡敬語

4 育児休暇制度が広まれば、働く女性も出産しやすくなるだろう。

5 私は先生の奥様に、銀座で一度お目にかかったことがあります。➡敬語

6 水をやらなければ、花が枯れてしまうのも当然だ。

7 予定より遅れているので、休日も仕事を休んではいられない。

2003年

1 教授に教えていただいてはじめて、政治の仕組みがわかりました。

2 彼女の美しさを花にたとえると、バラの花だ。

3 明日もまた遅刻するようなら、会社をやめてもらいます。

4 今日の会議には、どんな手段を使ってでも出席しなければならない。

5 毎日甘いものばかり食べていては、太ってしまいますよ。

2002年

1 この仕事は体がじょうぶでなければとても続かないだろう。➡～ないかぎり

2 雨が降るといけないので、早めに帰りましょう。

3 「上水」というのは、水道のきれいな水のことである。

4 京都駅に行くには、バスより地下鉄の方が早いですよ。

2001年

1 物価は上がるばかりで、苦しい生活がつづいている。

2 この店はペンや紙やハサミといったさまざまな文房具をあつかっている。

3 彼は冷静なようで、実は感情的な人なんです。

4 電車が24時間ぶりに運転を始めたそうだ。

5 病気の子どもを一人で家においておくはずがない。

2000年

1 山川氏を委員長とすることにしました。

2 日本の人口は、今年の1月現在で、約1億2000万人です。

3　姉に教えてもらったら、**かえって**わからなくなった。

1999年
1　テレビドラマを見て、親子の愛情に**心を打たれた**。
2　私は最近都心に引っ越したが、便利だろうと思ったら**そうでもない**。

1998年以降
1　家を出たばかりで、この渋滞では、約束の時刻に間に合い**そうもない**。（1997年）
2　私はあなたから「はい。」という返事を**もらうまでは**、ここを動きません。（1994年）
3　ここまで病気がひどくなったら、入院する**しかない**よ。（1990年）
4　この本を読ん**でみてはじめて**、日本語のおもしろさを知った。（1994年）
5　「立ち入り禁止」とは、中に入って**はならない**、という意味である。（1992年）
6　バスに乗ろう**とした**が、こんでいて乗れなかった。（1992年）
7　この薬は、5時間**おき**に飲んでください。（1992年、1990年）
8　A市の面積はF市の面積の約4倍に**あたる**広さである。（1991年）
9　彼の話は必ずしも事実をそのまま伝えた**ものとは**思えなかった。（1990年）
10　雨があがった**とみえて**、外が明るくなってきました。（1990年）

◇1級相当◇
1　患者のためにさまざまな努力をする医者もいるが、そこまでせずに、薬を出して**済ませる**医者もいる。（2005年）
2　お忙しい**ところを**わざわざおこしくださり、ありがとうございます。（1999年）
3　3メートル**もあろうか**と思う大きな人に会った。（1997年）
4　候補者の中でこの仕事をやれる人はあの人**をおいてない**。（1996年）
5　区役所には住民の生活に**かかわる**さまざまな相談の窓口がある。（1996年）

◇3級相当◇
1　あの会社は、機械設備だけでなく周囲の環境もすばらしい。（2003年）
2　今日の演奏は私の聞いた**なかでは**、今までで最高のピアノだった。（1997年）
3　毎日遅くまで練習した**のに**、サッカーの選手に選ばれなかった。（1997年）
4　試験の**あいだ**は、私語は禁止です。静かにしてください。（1996年）
5　人は、目的に**むかって**まっすぐに進んでいる時が一番かがやいて見える。（1996年）
6　この地方は昼が長くて、8時に**なっても**暗くなりません。（1996年）
7　ちょうど交通事故のニュースを聞いた**ばかり**です。（1996年）

敬語表現　練習問題

(1) では、これで失礼します。どうぞ、田中社長によろしく＿＿＿＿＿ください。
　　　1　つたえ　　　　　2　おつたえ　　　　3　おつたえて　　　4　ごつたえて

(2) 先生は、論文作成のため、私に研究室を＿＿＿＿＿くださった。
　　　1　お使い　　　　　2　お使いして　　　3　使いになって　　4　使わせて

(3) 図書館の開館時間を延長しましたので、みなさま9時まで、＿＿＿＿＿。
　　　1　ご利用します　　2　ご利用になれます　3　ご利用されます　4　ご利用いただきます

(4) 部長、今度の仕事は、私に担当＿＿＿＿＿でしょうか。
　　　1　させていただけない　　　　　　2　いたしてくださる
　　　3　もうしあげない　　　　　　　　4　くださらない

(5) どうでしょうか。もう一度、ご検討＿＿＿＿＿でしょうか。
　　　1　お願いくださる　2　お願いいたす　　3　願わない　　　　4　願えません

(6) ちょっとよろしいでしょうか。ぜひ、先生に、＿＿＿＿＿品物があるのですが。
　　　1　ごらんになりたい　2　ごらんください　3　ごらんに入れたい　4　ごらんいたしたい

(7) ご家族の皆さんも元気でいらっしゃること＿＿＿＿＿。
　　　1　と存じます　　　2　が存じます　　　3　を存じます　　　4　で存じます

(8) 私の論文について、先生のご意見を＿＿＿＿＿と思います。
　　　1　お目にかかりたい　　　　　　　2　はいしゃくしたい
　　　3　おめしになりたい　　　　　　　4　うけたまわりたい

(9) すみません。先生の本をお借り＿＿＿＿＿よろしいでしょうか。
　　　1　いただいても　　2　くださっても　　3　させても　　　　4　しても

(10) 子どもによい本を＿＿＿＿＿と思って本屋に出かけた。
　　　1　お読みしたい　　2　お読みになりたい　3　読ませてあげたい　4　読ませていただこう

(11) ぜひ一度、社長の奥様に＿＿＿＿＿と存じます。
　　　1　おこしになりたい　2　おめにかかりたい　3　おいでになりたい　4　ごらんになりたい

(12) 説明会に参加される方は、受付を通り、国際交流センターまで＿＿＿＿＿。
　　　1　おこしでございます　　　　　　2　おこしくださいます
　　　3　おいでになります　　　　　　　4　おこしねがいます

	2005	2004	2003	2002	2001	2000	1999	1998以前
～にくらべて／～に比べ								★
～におうじて／～に応じた								★
～にしても／～にしたら／～にすれば								★
～に際して／～に際しての								★
～抜きで／～ぬきには／～ぬきの								★
～からといって								★
～一方で								★
～ながら								★★
～からには／～からは								★
～どころか								★★
～うえ／～上に								★★★
～として／～としては／～としても								★★★★
～というより								★
～やら～やら								★
～ことなく								★
～かけの／～かけだ／～かける								★★
～にもとづいて／～に基づく／～に基づいた								★★
～にあたって／～にあたり								★★
～にしたがって／したがい								★★
～にかけて／～から…にかけて								★★★
～を問わず／～はとわず								★★★
～なんか／～など／～なんて							★	
～うえは							★	
～上（じょう）／～上は／～上も							★	
～からいって／～からいえば							★	
～ことから							★	
～ことに／～ことには							★	
～つつ／～つつも							★	★
～かわりに							★	★
～か～ないかのうちに							★	★
～とともに							★	★★
～にそって／～に沿った／～に沿う						★		
～にかわって／～にかわり						★		
～から見れば／～から見て						★		
～ことで（出題基準外）						★		
～にかんして／～に関する						★		★
～だらけ						★		★
～もかまわず					★			
～からすると／～からすれば					★			★
～にわたって／～にわたる／～にわたった					★			★
～にしては					★			★★★
～において／～においても／～における					★			★
～がちの					★			

	2005	2004	2003	2002	2001	2000	1999	1998以前
～さえ／～でさえ					★	★		★
～だけの（ことはある）				★				
～を通して／～を通じて				★				★
～最中に／～最中だ				★				★
～につき／～について				★				★★
～につけても／～につけ				★				★
～おかげで／～おかげだ				★				★★★
～たとたん				★				★★
～ものだから				★				★★
～にこたえて／～にこたえる				★				★
～ばかりに				★				★★
～たところ				★			★	★
～ことだから				★			★	★★
～といえば／～というと／～といったら				★		★		★
～にかかわらず／～にかかわりなく				★	★			★
～うちに／～うちは／～ないうちに				★	★		★	★★
～の末（に）／～た末（に）／～た末の			★					
～あげく／～あげくに			★					★
～たびに／～たび			★					★★★
～だけあって／～たげに			★					★★★
～にせよ／～にしろ			★					★
～に反して／～に反する／～に反した			★					★
～を中心に／～を中心として			★					★
～しだいでは／～次第だ			★					★
～ないことには（…ない）			★					★★★
～せいで／～せいか			★					★★★
～にさきだち／～に先立つ			★				★	
～かと思ったら／～かと思うと			★				★	
～をもとに／～をもとにして			★			★		
～をきっかけに			★			★		
～からして			★			★		
～きり／～きりだ			★			★		★
～に限り／～に限って／～に限らず			★			★		★★
～むけだ／むけの／むけに			(★)			★		★
～うえで／～上の／～上での			★		★			★★
～ばかりか／～ばかりでなく			★		★		★	
～ところを／～ところに／～ところへ			★	★				
～をこめて		★						
～のみならず		★						★
～によって／～により／～による／～によれば		★						★★
～ば～ほど		★						★★★
～はともかく／～はともかくとして		★						★
～て以来		★					★	
～を抜きにして／～はぬきにして		★					★	

	2005	2004	2003	2002	2001	2000	1999	1998以前
～さえ～ば		★					★	★★★
～てからでないと／～てからでなければ		★				★		
～ものの		★				★		★
～わりに／～わりには		★				★		★★★
～にともなって／～に伴う		★			★			★
～に対して／～に対する		★			★			★★★
～をめぐって／～をめぐる		★			★			★★
～ように		★			★★			★★★★
～ほど／～ほどだ		★			★			★★★
～かぎり／～ないかぎり		★			★	★		★
～にとって／～にとっての	★							★
～も～ば…も／～も～なら…も	★							★
～とおり／～とおりに／～どおり	★							★
～としたら／～とすれば	★							★★
～につれて／～につれ	★							★
～こそ	★							★
～くせに	★							★★
たとえ～ても	★							★★★
～反面／～半面	★							★
～をはじめ／～をはじめとする	★							★★
～際に／～際／～際は	★						★	
～ものなら	★						★	
～ついでに	★					★		★★
～にかけては／～にかけても	★					★		★★
～といっても	★				★			★
～以上／～以上は	★				★			★★★
～しだい／～次第	★				★		★	★
～はもちろん／～はもとより	★				★	★		★
～あまり／～のあまり	★			★				★★
～とか	★							

傾向分析リスト《文末表現・年度順》

	2005	2004	2003	2002	2001	2000	1999	1998以前
～ものか								★
～かける／～かけだ								★
～うる／～えない							★	
～かねる							★	★
～てしかたがない／～てしょうがない							★	★
～っこない						★		
～ものだ／～たいものだ					★			★★
～というものではない					★			★
～ことだ					★			★
～ほかない／～よりほかはない					★			★
～ということだ／～ということではない					★	★		★★

	2005	2004	2003	2002	2001	2000	1999	1998以前
～ものがある				★				
～わけがない／～わけはない				★				★★
～ないではいられない				★			★	
～どころではない／～どころではなく				★		★		★
～ないことはない				★		★		★
～ようがない／～ようもない				★	★			★
～がたい			★					★
～わけにはいかない			★					★★★
～ざるをえない			★					★★★
～きれない／～きる／～きれる			★					★★
～一方だ			★					★★★
～くらいだ			★				★	
～にほかならない			★			★		
～おそれがある			★		★	★		★
～にきまっている			★	★				★
～まい／～まいか		★						
～ぎみだ／～気味		★						
～きりだ		★						
～ほどだ		★						
～うではないか		★						★
～わけではない／～わけだ		★						★★
～てならない		★						★★
～かのようだ		★					★	★
～ことはない		★					★	★
～つつある		★				★		
～ものではない		★			★			
～にすぎない		★			★			★★
～ぬく（～ぬいて＝2005年）	★							★
～ことか	★					★		
～ことになっている	(★)				★			★
～がちだ	★				★			★★
～というものだ	★			★				
～ずにはいられない	★			★				★★
～しかない	★			★				★★★
～てたまらない	★			★				★★
～かねない	★			★				★★
～にちがいない	★			★				★
～べきだ／～べきではない	★	★					★	★★

問題IV　次の文の＿＿＿＿＿＿にはどんな言葉を入れたらよいか。1・2・3・4から最も適当なものを
　　　　一つ選びなさい。

(1)　ちょうどみんなで彼の話をしているところに、＿＿＿＿＿＿。
　　　1　彼は聞かなかった　　　　　　　　2　彼が帰って行った
　　　3　彼は知らなかった　　　　　　　　4　彼がやって来た

(2)　日本にいる知人＿＿＿＿＿＿、H大学入学の申し込みをした。
　　　1　を抜きに　　　　2　を契機にして　　　3　を通して　　　　4　を問わず

(3)　彼は信用しないほうがいいよ。そんな約束なんか守る＿＿＿＿＿＿。
　　　1　ことだ　　　　　2　ことか　　　　　　3　もんだ　　　　　4　もんか

(4)　信じがたいことだが、やはり新聞に出ているからは、事実に＿＿＿＿＿＿。
　　　1　関係ない　　　　2　限らない　　　　　3　相違ない　　　　4　あり得ない

(5)　日本留学を契機として、日本文化に＿＿＿＿＿＿。
　　　1　不安を持つようになった　　　　　2　自信がなくなった
　　　3　困ることがなくなった　　　　　　4　関心を持つようになった

(6)　感謝の気持ち＿＿＿＿＿＿友だちにプレゼントをおくった。
　　　1　をこめて　　　　2　をもとに　　　　　3　をめぐり　　　　4　をかけて

(7)　試験を受けている＿＿＿＿＿＿に、地震があってびっくりした。
　　　1　現在　　　　　　2　最中　　　　　　　3　半面　　　　　　4　中心

(8)　成績には、試験の点＿＿＿＿＿＿授業中の態度も考慮される。
　　　1　にこたえて　　　2　にしろ　　　　　　3　にくわえて　　　4　にあたって

(9)　今のままでは、大都市の環境はさらに悪化するのでは＿＿＿＿＿＿。
　　　1　ないだろう　　　2　しかたがない　　　3　あるまいか　　　4　ないこともない

(10)　親とも相談し、いろいろと考えた＿＿＿＿＿＿、私は音楽を職業として選んだ。
　　　1　からには　　　　2　ついでに　　　　　3　すえに　　　　　4　ばかりに

(11)　事情があって彼は、小さいころから祖父母＿＿＿＿＿＿、育てられた。
　　　1　のうえは　　　　2　をもとに　　　　　3　のうえで　　　　4　のもとで

⑿ 普通、サラリーマンは年齢が上がるにしたがって、_____。
  1　給料も下がってしまった　　　　　2　給料も上がっていくものだ
  3　給料も変わらなくなる　　　　　　4　給料も下げざるをえない

⒀ 友だちがいっしょに来てくれたおかげで、_____。
  1　安心できなかった　　　　　　　　2　心配でならなかった
  3　安心していられた　　　　　　　　4　心配せずにはいられなかった

⒁ 試験の結果が悪かったことよりも、少しも努力しなかった_____が問題だと思う。
  1　ことこそ　　　　2　からこそ　　　　3　ことには　　　　4　からには

⒂ 彼が言うと、まじめな話もなんだか_____聞こえるね。
  1　うそっぽく　　　2　うそがちに　　　3　うそだらけに　　4　うそらしく

⒃ 最近、ちょっと疲れぎみなので、休みを_____。
  1　とりようがない　　　　　　　　　2　とることにした
  3　とるどころではない　　　　　　　4　とってしかたがない

⒄ もともとオーストラリア出身の彼女ですが、今は医者_____アフリカへ行っています。
  1　のもとに　　　　2　として　　　　3　はもとより　　　4　にかわって

⒅ この曲を聞く_____、ふるさとの自然を思い出す。
  1　だけに　　　　　2　かぎり　　　　3　どころか　　　　4　たびに

⒆ ぜひ、先生のご意見を_____と存じます。
  1　うけたまわりたい　　　　　　　　2　おめにかかりたい
  3　もうしあげたい　　　　　　　　　4　ごらんにいれたい

⒇ もし、機会が_____、ぜひ一度、日本のテレビに出てみたい。
  1　すれば　　　　　2　なれば　　　　3　あれば　　　　　4　とれば

問題V　次の文の＿＿＿＿にはどんな言葉を入れたらよいか。1・2・3・4から最も適当なものを
　　　一つ選びなさい。

(1)　まだ可能性がないわけじゃないんだから、もう少しようすを見て＿＿＿＿。
　　　1　みるわけがないか　　　　　　　　2　みることはないか
　　　3　みようじゃないか　　　　　　　　4　みようともしないか

(2)　まさか、国民の税金を政治家が自分のために使うなんて。信じ＿＿＿＿。
　　　1　ざるをえない　　　　　　　　　　2　ずにはいられない
　　　3　がたいことだ　　　　　　　　　　4　すぎないものだ

(3)　私は彼のプランには反対だが、彼の考えていることがわからない＿＿＿＿。
　　　1　わけにはいかない　　　　　　　　2　わけではない
　　　3　はずではない　　　　　　　　　　4　べきではない

(4)　もっと具体的な数値目標が出てからでないと、その計画に賛成する＿＿＿＿。
　　　1　わけにはいきません　　　　　　　2　わけではありません
　　　3　よりほかありません　　　　　　　4　しだいではありません

(5)　日本人だからといって、敬語がじょうずに使えるとは＿＿＿＿。
　　　1　かぎりません　　　2　かぎります　　　3　なりません　　　4　なります

(6)　若いうちに貯金をして、いつか将来、世界中を旅行して＿＿＿＿。
　　　1　みることになっている　　　　　　2　みたいものである
　　　3　みるものがある　　　　　　　　　4　みるおそれがある

(7)　緊張のため、食べ物がのどを通らない日が続いたが、このままでは病気になり＿＿＿＿。
　　　1　きれる　　　　　2　きれない　　　　3　かねる　　　　4　かねない

(8)　駅のホームで転んでしまって、恥ずかしくて恥ずかしくて＿＿＿＿。
　　　1　いられなかった　　2　たまらなかった　　3　ちがいなかった　　4　ほかはなかった

(9)　東京へいらっしゃったおりは、ぜひわが家まで＿＿＿＿ください。
　　　1　おまいり　　　　2　おうかがい　　　3　おめしあがり　　　4　おこし

(10)　彼には大きな夢があるが、夢が実現できるかどうかは、本人の努力＿＿＿＿である。
　　　1　きり　　　　　2　しだい　　　　3　だらけ　　　　4　ながら

問題Ⅵ　次の文の＿＿＿＿＿にはどんな言葉を入れたらよいか。1・2・3・4から最も適当なものを
　　　　一つ選びなさい。

(1)　何かわからないことがありましたら、こちらまで＿＿＿＿＿願いたいのですが。
　　　1　ご連絡　　　　　　2　ご連絡して　　　3　ご連絡になって　4　ご連絡されて

(2)　慎重な彼女は、私がいくらだいじょうぶだと言っても信用しなかった。しかし、私が言った
　　　＿＿＿＿＿、見事に試験に合格してみせたのだった。
　　　1　あまり　　　　　　2　すえで　　　　　3　せいで　　　　　4　とおり

(3)　私は、海外でも有名なW大学を受験した。今年は、残念＿＿＿＿＿失敗だったが、来年は絶対に合
　　　格したいと思う。
　　　1　ながら　　　　　　2　がちに　　　　　3　っぽく　　　　　4　なわりに

(4)　彼は一体どこへ行ったのだろう。親とけんかした＿＿＿＿＿、家を出てもう1週間も帰っていない
　　　らしい。
　　　1　だけに　　　　　　2　あげく　　　　　3　くせに　　　　　4　ついでに

(5)　たまには旅行に行って、山の温泉でのんびりしたいと思う。けれども、今の私には、お金
　　　＿＿＿＿＿、ひまもない。
　　　1　もあれば　　　　　2　もなければ　　　3　さえあれば　　　4　さえなければ

問題Ⅳ　次の文の＿＿＿＿＿にはどんな言葉を入れたらよいか。1・2・3・4から最も適当なものを
　　　　一つ選びなさい。

(1)　彼はお金がない＿＿＿＿＿、高い品物ばかりほしがる。
　　　1　もとに　　　　　2　くせに　　　　　3　かわりに　　　　4　ついでに

(2)　最近のニュース＿＿＿＿＿、レポートをまとめるという宿題が出た。
　　　1　にとって　　　　2　において　　　　3　について　　　　4　にくわえて

(3)　あの先生は、やさしいのはいいが、女性に対してだけやさしいのでは、不公平＿＿＿＿＿。
　　　1　ということだ　　2　というものだ　　3　というはずだ　　4　というつもりだ

(4)　辞書なしで日本語の本を読もうとしても、とても＿＿＿＿＿。
　　　1　すばらしいことだ　　　　　　　　2　むりな話である
　　　3　できないことはない　　　　　　　4　できそうな話である

(5)　昼間はにぎやかなこの通りも、夜がふけるにつれて、人通りが＿＿＿＿＿。
　　　1　多くなってくる　　　　　　　　　2　うるさくなってくる
　　　3　少なくなってくる　　　　　　　　4　おそくなってくる

(6)　未成年の飲酒は、法律に＿＿＿＿＿禁止されている。
　　　1　より　　　　　　2　つけ　　　　　　3　わたり　　　　　4　かぎり

(7)　このたび、若い女性＿＿＿＿＿の、とてもおしゃれな車が開発されました。
　　　1　抜き　　　　　　2　向き　　　　　　3　最中　　　　　　4　次第

(8)　彼女＿＿＿＿＿勉強は、趣味のひとつだという。
　　　1　にこたえて　　　2　にせよ　　　　　3　にとって　　　　4　にあたって

(9)　日本の大学は学費が高いというが、それはアメリカの大学＿＿＿＿＿同じだろう。
　　　1　をはじめ　　　　2　からして　　　　3　にしても　　　　4　とともに

(10)　いったい何が言いたかったのだろうか。彼は彼女に何か言い＿＿＿＿＿やめた。
　　　1　すぎて　　　　　2　かけて　　　　　3　ぬいて　　　　　4　がちで

(11)　この書店では、本 1 冊＿＿＿＿＿定価の30％が店の利益となる。
　　　1　につき　　　　　2　にかけて　　　　3　にわたり　　　　4　にしろ

(12) 大都市の生活は大変便利な反面、とても＿＿＿＿＿＿＿。
　　　1　住みやすい面もある　　　　　　　　2　おもしろい面もある
　　　3　ゆったりとした面もある　　　　　　4　不安な面もある

(13) 旅行に行くといっても、日帰りの旅では＿＿＿＿＿＿＿。
　　　1　のんびりしてこよう　　　　　　　　2　たっぷりあそんでこよう
　　　3　ゆっくりできそうだ　　　　　　　　4　あまりゆっくりできない

(14) 人気歌手Kの死が、テレビ＿＿＿＿＿＿＿人々に知らされた。
　　　1　をつうじて　　　2　をはじめ　　　3　をもとに　　　4　をめぐって

(15) 寒くなると、朝起きるのが遅く＿＿＿＿＿＿＿なので、遅刻しないよう注意してください。
　　　1　なりきり　　　　2　なりがち　　　3　なるほど　　　4　なるべき

(16) 急に、大事な仕事が入ったものだから、デートに＿＿＿＿＿＿＿。
　　　1　間に合った　　　2　無理だった　　　3　早く着いた　　　4　遅れてしまった

(17) 私はこの競技に命をかけていますので、たとえケガをするようなことがあっても、＿＿＿＿＿＿＿と
　　思っています。
　　　1　心配だ　　　　　2　安心だ　　　　　3　よくない　　　　4　仕方がない

(18) 苦しい山道だったが、最後までがんばり＿＿＿＿＿＿＿、やっと頂上にたどりついた。
　　　1　ぬいて　　　　　2　かけて　　　　　3　かねて　　　　　4　すぎて

(19) 田中教授はもう30年も歴史を研究して＿＿＿＿＿＿＿そうです。
　　　1　おいでになる　　2　ごらんになる　　3　おめしになる　　4　おこしになる

(20) 漢字が読めさえ＿＿＿＿＿＿＿、日本語はそんなにむずかしくないと思う。
　　　1　すれば　　　　　2　なれば　　　　　3　あれば　　　　　4　できれば

問題V　次の文の＿＿＿＿＿にはどんな言葉を入れたらよいか。1・2・3・4から最も適当なものを一つ選びなさい。

(1) 市民の半数以上が反対しているため、ダムの建設は中止＿＿＿＿＿。
　　1　せざるをえない　　　　　　　　2　しないものでもない
　　3　しがたいことだ　　　　　　　　4　するどころではない

(2) 確かに夫婦の関係というのは難しいものだが、幼い子どもの見ている前で夫婦げんかを＿＿＿＿＿。
　　1　しないわけにはいかない　　　　2　せずにはいられない
　　3　しようがない　　　　　　　　　4　するべきではない

(3) 今のままではむずかしいが、条件が変われば、もう一度考え＿＿＿＿＿。
　　1　ないものだ　　　2　ることはない　　　3　そうでもない　　　4　ないこともない

(4) 彼女は知らないというけれど、本当は知っている＿＿＿＿＿。
　　1　にちがいない　　　2　わけがない　　　3　ほかない　　　4　にすぎない

(5) 血液型で性格を判断する方法があるが、そんなに正確だとは＿＿＿＿＿。
　　1　言うほかない　　　2　言うことはない　　　3　言いかねない　　　4　言いきれない

(6) 私は、今、日本のマンガを読んでいる。といっても、それは勉強のためではなく、ただ、マンガがおもしろいから＿＿＿＿＿。
　　1　ではあるまい　　　2　でしかたがない　　　3　にかぎらない　　　4　にすぎない

(7) もし明日、お会いできるとしたら、夕方5時以降という＿＿＿＿＿。
　　1　ものです　　　2　べきです　　　3　ものになります　　　4　ことになります

(8) あと1点で惜しくも試合に敗れた彼女。本人のみならず、応援した私も残念＿＿＿＿＿。
　　1　しかない　　　2　でならない　　　3　にちがいない　　　4　よりない

(9) 私の作文はいかがでしたでしょうか。先生のご感想を＿＿＿＿＿ませんか。
　　1　きいてください　　　　　　　　2　おうかがいいたし
　　3　おきかせください　　　　　　　4　おきかせいたし

(10) この社会で認められるようになるためには、まず、人よりも努力する＿＿＿＿＿。
　　1　ことだ　　　2　せいだ　　　3　からだ　　　4　わけだ

問題Ⅵ　次の文の＿＿＿＿にはどんな言葉を入れたらよいか。1・2・3・4から最も適当なものを
　　　　一つ選びなさい。

(1)　それでは、これから駅まで迎えに＿＿＿＿ので、よろしくお願いします。
　　　1　あがります　　　　2　いたします　　　　3　ぞんじます　　　　4　ございます

(2)　日本に行けば日本語も上手になるだろうと思っていた。しかし実際は、上手になる＿＿＿＿、前
　　より下手になったぐらいである。
　　　1　ところが　　　　　2　からには　　　　　3　としても　　　　　4　どころか

(3)　合格発表の日。自分の名前を見つけた彼は＿＿＿＿のあまり、みんなに抱きついて喜んだ。
　　　1　うれしがる　　　　2　うれしすぎ　　　　3　うれしさ　　　　　4　うれしい

(4)　「どうか、試験に合格できます＿＿＿＿」。彼女はそう神様に祈った。
　　　1　ために　　　　　　2　なんて　　　　　　3　かぎり　　　　　　4　ように

(5)　北国の冬は大変である。特に大雪の時は、雪が降り積もって、2階から出入りしなければならな
　　い＿＿＿＿。
　　　1　までである　　　　2　うえである　　　　3　ほどである　　　　4　だけである

問題Ⅳ　次の文の＿＿＿＿＿にはどんな言葉を入れたらよいか。1・2・3・4から最も適当なものを
　　　一つ選びなさい。

(1)　まちがえて、まだ書き＿＿＿＿＿の手紙をポストに入れてしまった。
　　　1　がち　　　　　　2　かけ　　　　　　3　ぎみ　　　　　　4　つつ

(2)　昨日お酒を飲みすぎた＿＿＿＿＿、けさ時間どおりに起きられなかった。
　　　1　おかげで　　　　2　せいで　　　　　3　かわりに　　　　4　ついでに

(3)　この学校は国籍＿＿＿＿＿、世界中から学生を受け入れている。
　　　1　のみならず　　　2　もかまわず　　　3　はもとより　　　4　をとわず

(4)　彼女は私の親友なんだから、そんな私の悪口を＿＿＿＿＿。
　　　1　言うわけがない　　　　　　　　　　2　言うどころではない
　　　3　言うよりほかない　　　　　　　　　4　言いかねない

(5)　今からでは、バスで行くにしろタクシーに乗るにしろ、学校に＿＿＿＿＿。
　　　1　間に合うはずだ　　　　　　　　　　2　間に合いかねない
　　　3　間に合うわけだ　　　　　　　　　　4　間に合わないだろう

(6)　彼が教室に入った＿＿＿＿＿、みんなしーんと静かになった。
　　　1　ばかりに　　　　2　たびに　　　　　3　とたんに　　　　4　だけに

(7)　恋人と別れて以来、彼女の顔から明るさが消え、ときおり＿＿＿＿＿笑うだけとなった。
　　　1　さびしさに　　　2　さびしげに　　　3　さびしいわりに　4　さびしいほど

(8)　読み書き＿＿＿＿＿、聞いたり話したりする能力がおとる日本語学習者が少なくない。
　　　1　にこたえて　　　2　にくらべ　　　　3　にとって　　　　4　にあたり

(9)　さすがに自慢するだけあって、彼は車について＿＿＿＿＿。
　　　1　あまり知らない　　　　　　　　　　2　よく知っている
　　　3　知らなさすぎる　　　　　　　　　　4　知らなさそうだ

(10)　学生である以上、勉学を生活の中心に考えるのは＿＿＿＿＿。
　　　1　ふつうとは言えない　　　　　　　　2　あたりまえだ
　　　3　まじめすぎる　　　　　　　　　　　4　おかしいと思う

⑾ 彼女は子どもをやさしくほめてあげる＿＿＿＿、厳しくしかることも忘れなかった。
　　1　いっぽうで　　　　2　かわりに　　　　　3　うえで　　　　　　4　うちに

⑿ 明日は、東北地方から北海道＿＿＿＿、大雪になる見込みです。
　　1　とともに　　　　　2　にくわえて　　　　3　をもとに　　　　　4　にかけて

⒀ おもしろい＿＿＿＿、このクラスには同じ名前の学生が3人もいる。
　　1　ながら　　　　　　2　ことに　　　　　　3　なんて　　　　　　4　ように

⒁ 彼女はスピーチコンテストで、一カ所もまちがえる＿＿＿＿、すばらしい発表をした。
　　1　ことなく　　　　　2　ことには　　　　　3　ことで　　　　　　4　ことより

⒂ 私たちはいつも、テレビを見る＿＿＿＿映画を見る＿＿＿＿、さまざまな商品広告を目にしている。
　　1　までに／までに　2　につけ／につけ　3　ものか／ものか　4　やら／やら

⒃ 試合に出場するからには、最後まで＿＿＿＿。
　　1　がんばった　　　　2　がんばろう　　　　3　がんばっている　4　がんばるまい

⒄ この通りは、狭い＿＿＿＿交通量も多いので、いつもこんでいます。
　　1　せいで　　　　　　2　おかげで　　　　　3　くせに　　　　　　4　うえに

⒅ 韓国の学生＿＿＿＿、日本語を学ぶ学生は、たいてい漢字が難しいと言う。
　　1　ぬきで　　　　　　2　にかぎらず　　　　3　をとわず　　　　　4　もかまわず

⒆ 実は、先生に、ぜひ＿＿＿＿たい物がございまして、ここにお持ちしたしだいです。
　　1　お目にかかり　　　2　お目にかけ　　　　3　ごらんになり　　　4　拝見いたし

⒇ 努力次第では、成功することもあり＿＿＿＿だろう。
　　1　ぬく　　　　　　　2　きる　　　　　　　3　かける　　　　　　4　うる

問題V　次の文の＿＿＿＿にはどんな言葉を入れたらよいか。1・2・3・4から最も適当なものを
　　　一つ選びなさい。

(1)　私に責任はないのだから、何と言われても、＿＿＿＿。
　　　1　あやまらざるをえない　　　　　　　2　あやまるつもりはない
　　　3　あやまりかねない　　　　　　　　　4　あやまるものではない

(2)　いくらおいしそうな宣伝だからといって、実際に食べてみないことには、味は＿＿＿＿。
　　　1　わるくあるまい　　　　　　　　　　2　きまっているだろう
　　　3　まずいかもしれない　　　　　　　　4　わからないだろう

(3)　事故で電車が止まったが、携帯電話の電池が切れていたので、連絡の＿＿＿＿。
　　　1　しようがなかった　　　　　　　　　2　わけがなかった
　　　3　もとがなかった　　　　　　　　　　4　しだいがなかった

(4)　会社の景気はよくならないというのに、最近は残業ばかりで、ストレスがたまる＿＿＿＿。
　　　1　しかない　　　　2　一方だ　　　　3　次第だ　　　　4　気味だ

(5)　いっしょうけんめい努力したかいもなく、＿＿＿＿。
　　　1　大会には出られなかった　　　　　　2　大会で優勝した
　　　3　大会に出されてしまった　　　　　　4　大会で優勝するつもりだ

(6)　たばこの吸いすぎは健康に悪い。そうと知りつつ、＿＿＿＿。
　　　1　やめようと思う　　2　やめさせられた　　3　やめなくはない　　4　やめられない

(7)　友だちが事故にあったと聞いて、どれだけ心配＿＿＿＿。
　　　1　したことか　　　2　したものか　　　3　しようがない　　　4　するまいか

(8)　外国人が日本に滞在する目的はさまざまであって、大学進学だけとは＿＿＿＿。
　　　1　ほかならない　　2　かぎらない　　　3　かわらない　　　4　ともなわない

(9)　「先生がていねいにご指導＿＿＿＿おかげで、論文を書き上げることができました。本当にあり
　　がとうございます。」
　　　1　さしあげた　　　2　いただいた　　　3　くださった　　　4　なさった

(10)　彼は一年中、毎日、休まず練習をする。さすがに、プロの選手だけの＿＿＿＿。
　　　1　までである　　　2　うえである　　　3　ことはある　　　4　おそれがある

問題Ⅵ 次の文の＿＿＿＿＿にはどんな言葉を入れたらよいか。1・2・3・4から最も適当なものを
一つ選びなさい。

⑴ 「先生、次の研究会では、私に発表＿＿＿＿＿いただけないでしょうか。」
「うん、わかった。じゃ、そうしよう。」
　　　1　して　　　　　　2　させて　　　　　3　いたして　　　4　されて

⑵ 今はまだむりだけれど、できるものなら、いつか将来、宇宙旅行が＿＿＿＿＿。
　　　1　しかたがない　　2　してみたい　　　3　できなくはない　4　できそうだ

⑶ 宝くじが当たった。とても信じられなくて、まるで夢を見ている＿＿＿＿＿。
　　　1　ほかなかった　　2　うえであった　　3　かのようだった　4　おそれがあった

⑷ 偶然というのは恐ろしい。いつもより10分早く家を出て、あの電車に乗った＿＿＿＿＿、脱線事故
にあい、大けがをしてしまった。
　　　1　とおりに　　　　2　ついでに　　　　3　ばかりに　　　4　かわりに

⑸ 仕事もやはり、頭よりも気持ちである。頭がいいかどうか＿＿＿＿＿、やる気があるかどうか、そ
れが一番の問題である。
　　　1　をもとに　　　　2　はともかく　　　3　にかけては　　4　につれて

問題Ⅳ　次の文の＿＿＿＿＿にはどんな言葉を入れたらよいか。１・２・３・４から最も適当なものを一つ選びなさい。

(1) みんなの期待＿＿＿＿＿、彼女は見事にオリンピックで優勝してみせた。
　　　1　にとって　　　　2　にはんして　　　3　にこたえて　　　4　にくらべて

(2) 中田さんの料理はすばらしい。これはもう料理＿＿＿＿＿芸術と言った方がいい。
　　　1　とともに　　　　2　としては　　　　3　というより　　　4　といっても

(3) お酒が好きな彼のことだから、今ごろはまた焼き鳥屋で飲んでいる＿＿＿＿＿。
　　　1　よりほかない　　2　に決まっている　3　にすぎない　　　4　おそれがある

(4) 彼のほうが悪いんだから、きみの方からあやまりに行く＿＿＿＿＿よ。
　　　1　わけない　　　　2　ことはない　　　3　しかない　　　　4　はずない

(5) まさか、あの二人が結婚する＿＿＿＿＿。信じられない。
　　　1　なんて　　　　　2　なんか　　　　　3　なんで　　　　　4　なんと

(6) 今日は朝から忙しかったので、昼ごはん＿＿＿＿＿働き続けた。
　　　1　もかまわず　　　2　とともに　　　　3　ぬきで　　　　　4　のたびに

(7) 彼は交通事故にあって、身体が動かなくなり、ベッドに＿＿＿＿＿になってしまった。
　　　1　寝たあげく　　　2　寝たきり　　　　3　寝るもの　　　　4　寝るよう

(8) 映画の上映＿＿＿＿＿、監督や出演者が舞台の上からあいさつをした。
　　　1　をはじめ　　　　2　をこめて　　　　3　にさきだって　　4　にそって

(9) もうすぐバスは発車となりますが、出発＿＿＿＿＿、参加者の確認をさせていただきます。
　　　1　によって　　　　2　をはじめ　　　　3　にあたり　　　　4　をめぐり

(10) この本、貸してあげるから、＿＿＿＿＿、そのＣＤ、貸してくれない？
　　　1　かわりに　　　　2　ついでに　　　　3　しだいに　　　　4　おかげで

(11) この学校には、目黒先生をはじめ、おもしろい先生が＿＿＿＿＿。
　　　1　たくさんいる　　2　あまりいない　　3　いた方がいい　　4　いない方がいい

(12) 新しい会社を作るまで、どれだけ苦労してきた＿＿＿＿＿。
　　　1　ことだ　　　　　2　ことか　　　　　3　ものだ　　　　　4　ものか

⒀ 彼女とは、先月電話で話して以来、_____。
　　1　声を聞かないこともある　　　　　　2　声を聞いたり聞かなかったりだ
　　3　ずっと声を聞いている　　　　　　　4　一度も声を聞いていない

⒁ さっきまで笑っていた_____、妹は急に泣き出した。
　　1　からといって　　2　かとおもったら　　3　だけあって　　4　あげくに

⒂ まったく運が悪いなあ。旅行に行くという日_____、雨になるんだからなあ。
　　1　にしか　　　　　2　にしろ　　　　　3　にかぎって　　4　によって

⒃ 子どもの数が減っている_____、子どもが生まれた家庭を支援する法律ができた。
　　1　とおりに　　　　2　ことから　　　　3　としても　　　4　にもかかわらず

⒄ 「だいじょうぶ」と口では言いつつ、彼の表情は_____。
　　1　暗くなかった　　2　暗かった　　　　3　明るくなった　　4　普通だった

⒅ 急いでいた彼は、エレベーターのドアが開くか_____かのうちに、飛び出して行った。
　　1　開くまい　　　　2　開かない　　　　3　開こう　　　　4　開けよう

⒆ 先生もこの事件は_____いらっしゃいますか。
　　1　うかがって　　　2　ごぞんじで　　　3　うけたまわって　4　ぞんじて

⒇ 家へ帰ってさっそく箱を開けてみた_____、皿が1枚割れていた。
　　1　ところ　　　　　2　ついでに　　　　3　おかげで　　　4　すえに

問題Ⅴ　次の文の＿＿＿＿＿＿にはどんな言葉を入れたらよいか。１・２・３・４から最も適当なものを
　　　一つ選びなさい。

(1)　身長が高いわけでもないのに、彼女のダンスには、人を感動させる＿＿＿＿＿＿。
　　　1　ことがある　　　　2　ものがある　　　　3　おそれがある　　　4　ほどである

(2)　わが家の経済状態から言って、やはり家を買うなどということは＿＿＿＿＿＿。
　　　1　わるくあるまい　　　　　　　　　　2　わからないだろう
　　　3　わるくないかもしれない　　　　　　4　ありえないだろう

(3)　人間は、かならずしも、お金さえあれば幸せになれる＿＿＿＿＿＿。
　　　1　といわないわけにはいかない　　　　2　といわずにはいられない
　　　3　といってもしようがない　　　　　　4　というものではない

(4)　彼女の日本語は、半年も勉強していないにしては、なかなか＿＿＿＿＿＿。
　　　1　上手である　　　　2　下手である　　　　3　上手すぎる　　　4　下手すぎる

(5)　今の高齢化社会を見ていると、自分の老後を考えずには＿＿＿＿＿＿。
　　　1　いられません　　　2　なりません　　　3　できません　　　4　すぎません

(6)　この問題に関しましては、アルバイトの私では＿＿＿＿＿＿。
　　　1　わかるべきです　　　　　　　　　　2　わかることです
　　　3　わからなくはありません　　　　　　4　わかりかねます

(7)　どうしてこんなことが起こってしまったのか、今から考えてみても、不思議＿＿＿＿＿＿。
　　　1　なわけではない　　　　　　　　　　2　なものではない
　　　3　ということはない　　　　　　　　　4　でしようがない

(8)　みんなの前でやると言ったからには、最後までちゃんと＿＿＿＿＿＿。
　　　1　やりつつある　　　2　やるべきである　　　3　やりすぎである　　　4　やるからである

(9)　今後も、なおいっそうの努力を続けて＿＿＿＿＿＿とぞんじます。
　　　1　おりたい　　　　2　まいりたい　　　3　いたしたい　　　4　なさりたい

(10)　あの姉妹は、声まで似ていて、電話の時など、親でもまちがえる＿＿＿＿＿＿。
　　　1　ぐらいだ　　　　2　つもりだ　　　　3　からだ　　　　4　ものだ

問題Ⅵ　次の文の＿＿＿＿にはどんな言葉を入れたらよいか。1・2・3・4から最も適当なものを
　　　　一つ選びなさい。

(1)　お客様に、ご案内＿＿＿＿。ただいま8階におきまして中国物産展を開いております。
　　　1　もうしあげます　　　　　　　　　2　いただきます
　　　3　させられております　　　　　　　4　いたしてございます

(2)　今回の選挙はA候補の楽勝だろうと思われた。ところが、予想＿＿＿＿、新人のB候補が人気を
　　集め、苦しい戦いとなったのだった。
　　　1　どおりに　　　　2　どころか　　　　3　にしては　　　　4　にはんして

(3)　不景気が続き、失業者も増えている。中には、借りたお金が返せず、困った＿＿＿＿、自殺する
　　人も少なくない。
　　　1　ものの　　　　　2　かぎり　　　　3　あげく　　　　4　ついでに

(4)　彼女は何よりも負けるのが嫌いな性格である。＿＿＿＿、だれにも負けないように、いっしょう
　　けんめい努力をし続けているのである。
　　　1　にもかかわらず　2　だからこそ　　　3　それにしては　　4　それどころか

(5)　彼女がイタリアに行って3年になる。ほとんど連絡もなくなったが、明るくて前向きな彼女
　　　＿＿＿＿、きっと楽しい毎日をおくっているだろう。
　　　1　のものだから　　2　のことだから　　3　をぬきにして　　4　をきっかけに

問題IV　次の文の＿＿＿＿にはどんな言葉を入れたらよいか。1・2・3・4から最も適当なものを
　　　　一つ選びなさい。

(1)　商品代金のお支払方法＿＿＿＿お問い合わせは、下記の電話番号までお願いします。
　　　1　にとっての　　　　2　によっての　　　　3　に関する　　　　4　に際しての

(2)　試合に負けたときの、あのくやしさ＿＿＿＿、とても言葉では表せないほどだった。
　　　1　というより　　　　2　といったら　　　　3　といえば　　　　4　といって

(3)　会社の方針＿＿＿＿、新しい商品を開発する。
　　　1　にそって　　　　2　について　　　　3　にとって　　　　4　にわたって

(4)　あの先生、年齢のわりに＿＿＿＿ね。
　　　1　ふけて見える　　　2　若すぎる　　　　3　年が若い　　　　4　年上だ

(5)　彼の話は、あまりにもおかしくておなかが痛くなる＿＿＿＿、涙が出てくる＿＿＿＿、聞いてい
　　　る方が大変だった。
　　　1　だけ／だけ　　　　2　やら／やら　　　3　もの／もの　　　4　こと／こと

(6)　大事な問題だから、リーダーの彼をぬきにして、＿＿＿＿。
　　　1　決められない　　2　決めようと思う　　3　決めて当然だ　　4　決めかねない

(7)　大企業の社長が法律違反でつかまったが、それは十分＿＿＿＿ことだった。
　　　1　ありすぎる　　　2　ありうる　　　　3　ありすぎない　　4　ありえない

(8)　この村のお祭りは、全国から見物客が集まる＿＿＿＿、有名です。
　　　1　ことで　　　　　2　ことなら　　　　3　ことには　　　　4　ことだから

(9)　学校で日本語の授業を受けたのをきっかけに、日本の文化に＿＿＿＿。
　　　1　不安を覚えるようになった　　　　　2　自信たっぷりになった
　　　3　困らなくなった　　　　　　　　　　4　興味を持つようになった

(10)　用事があって新宿まで行ったついでに、＿＿＿＿。
　　　1　友だちと別れた　　　　　　　　　　2　沖縄へ行ってきた
　　　3　映画がはじまった　　　　　　　　　4　デパートで買物した

(11)　電車の定期券の購入＿＿＿＿、学生証の提示が求められた。
　　　1　に関して　　　　2　に加えて　　　　3　に代わって　　　4　に際して

⑿ 演劇の勉強をしている彼女は、にぎやかな街の通りで、人目も＿＿＿＿＿歌を歌いだした。
1　かまって　　　　2　かまったら　　　　3　かまわなければ　4　かまわず

⒀ 経済が発展するとともに、外国人の入国も＿＿＿＿＿。
1　できなくなった　2　減ってきた　　　3　始まった　　　　4　増えてきた

⒁ 田中さんはとても変わった人で、着ている服＿＿＿＿＿ふつうじゃない。
1　をして　　　　　2　からは　　　　　3　をもって　　　　4　からして

⒂ あの二人は大きな問題をかかえているはずなのに、表面上は何の＿＿＿＿＿。
1　変化があった　　　　　　　　　　2　変化もなかった
3　変化があるだろう　　　　　　　　4　変化もあるまい

⒃ 悪いことをしても、だまってさえいれば、だれにも＿＿＿＿＿よ。
1　わかりっこない　2　わかるしかない　3　わかるほかない　4　わからざるをえない

⒄ 社員の要求＿＿＿＿＿、今年の社員旅行はオーストラリアへ行くことが決定した。
1　とともに　　　　2　にくわえて　　　3　におうじて　　　4　にかけて

⒅ 「まかせてください」と口では言ってみたものの、私は＿＿＿＿＿。
1　まかせた方がいい　　　　　　　　2　あまり自信がない
3　ぜったいやろう　　　　　　　　　4　やるはずである

⒆ 「すみませんが、美術館内でのカメラの撮影は＿＿＿＿＿。」
「そうですか。どうも、すみません。」
1　ご遠慮願います　2　ご遠慮致します　3　ご遠慮なさいます　　4　ご遠慮くださいます

⒇ 自慢ではないけれど、私は、歩く速さにかけては＿＿＿＿＿。
1　けっこう遅い方である　　　　　　2　だれにも負けない自信がある
3　ほとんどいつも同じである　　　　4　まあまあ普通だと思う

問題Ⅴ　次の文の＿＿＿＿にはどんな言葉を入れたらよいか。1・2・3・4から最も適当なものを
　　　　一つ選びなさい。

(1)　留学の途中だったが、家庭の事情により、急に帰国することになった＿＿＿＿。
　　　1　わけがある　　　2　ものがある　　　3　おそれがある　　　4　しだいである

(2)　本当かどうかはわからないが、彼女だったら、平気でうそを＿＿＿＿。
　　　1　言いかねない　　2　言いかねる　　　3　言うまい　　　　4　言うものか

(3)　母親が子どもに対して厳しいのは、子どものことを心配しているからに＿＿＿＿。
　　　1　かぎらない　　　2　ほかならない　　3　ともなわない　　4　かかわらない

(4)　代金をお支払いいただいてからでないと、商品はお渡し＿＿＿＿。
　　　1　できません　　　2　なりません　　　3　できます　　　　4　します

(5)　お酒は好きではないが、林さんが一緒なら、飲み会に参加＿＿＿＿。
　　　1　しないものだ　　　　　　　　2　するとはかぎらない
　　　3　できそうもない　　　　　　　4　しないこともない

(6)　彼は毎日勉強ばかりしているが、だからといって、遊ぶことがきらいな＿＿＿＿。
　　　1　はずではない　　2　ものではない　　3　せいではない　　4　わけではない

(7)　自分にかけられた疑いを否定しないところを見ると、やはり彼が犯人＿＿＿＿。
　　　1　向けである　　　2　に限らない　　　3　だらけである　　4　に相違ない

(8)　彼がだまっている限り、秘密がもれることは＿＿＿＿。
　　　1　ないだろう　　　　　　　　　2　あるだろう
　　　3　あるかもしれない　　　　　　4　ならないだろう

(9)　「すみません。お写真を拝見させていただいて＿＿＿＿でしょうか。」
　　　「ええ、かまいませんよ。」
　　　1　いらっしゃる　2　ごぞんじ　　　　3　よろしい　　　4　ございます

(10)　今日は体の調子が悪く、起きられないというわけではないが、すこし、かぜ＿＿＿＿。
　　　1　ぎみだ　　　　　2　ばかりだ　　　　3　だけだ　　　　4　だらけだ

問題Ⅵ　次の文の＿＿＿＿＿＿＿にはどんな言葉を入れたらよいか。1・2・3・4から最も適当なものを一つ選びなさい。

(1)　私は今、ちょっと教えるひまがないので、他の人に＿＿＿＿＿＿ください。
　　　1　教えてもらって　　2　教えられて　　　3　教えてやって　　　4　教えさせられて

(2)　彼女はとても勉強熱心である。そんな彼女を＿＿＿＿＿、日本語の勉強会が開かれた。
　　　1　抜きにして　　　2　はじめに　　　　3　契機に　　　　4　中心に

(3)　敬語というのはほんとうに難しい。日本人でさえ＿＿＿＿＿とはかぎらない。
　　　1　まちがえる　　　2　へただ　　　　3　まちがえない　　4　じょうずにならない

(4)　彼女は大学にいけるかどうか心配だという。しかし、過去のデータ＿＿＿＿＿＿、ほとんど心配いらないといえる。
　　　1　にしては　　　　2　から見るより　　3　にするなら　　　4　から見ると

(5)　試験の答案用紙が返って来た。まちがい＿＿＿＿＿、びっくりしてしまった。
　　　1　まみれで　　　　2　だけで　　　　3　だらけで　　　　4　がちで

問題Ⅳ 次の文の＿＿＿＿にはどんな言葉を入れたらよいか。1・2・3・4から最も適当なものを一つ選びなさい。

(1) 彼の言うこともわからないではないが、やると言った以上、＿＿＿＿。
   1　やりきれない　　　2　やるしかない　　　3　やるわけがない　　4　やることはない

(2) 一週間＿＿＿＿、環境問題についての世界的な会議が開かれた。
   1　にかけて　　　　2　にわたって　　　3　におうじて　　　4　において

(3) よほどのことがない限り、このビルは＿＿＿＿。
   1　倒れるかもしれない　　　　　　　　2　倒れそうである
   3　不安である　　　　　　　　　　　　4　安全である

(4) 会議の時の彼女の態度＿＿＿＿、今度のプランには賛成ではないらしい。
   1　をもって　　　　2　からといって　　　3　をもとに　　　4　からすると

(5) ただ今、田中は留守ですが、もどりしだい、＿＿＿＿。
   1　遅くなります　　　　　　　　　　　2　ご連絡いたします
   3　急がせます　　　　　　　　　　　　4　お待ちください

(6) あんなに練習したのだから、緊張さえしなければ、＿＿＿＿。
   1　失敗するだろう　　　　　　　　　　2　失敗しないはずだ
   3　失敗しかねる　　　　　　　　　　　4　失敗できまい

(7) 勉強というのは方法が大事だから、時間が長ければ長いほど＿＿＿＿。
   1　いいというものである　　　　　　　2　いいというものではない
   3　よくないものである　　　　　　　　4　わるいものではない

(8) 調査によると、若い人ほど＿＿＿＿傾向があり、活字離れが進んでいるそうだ。
   1　本を読まない　　　2　雑誌を好む　　　3　テレビを見ない　　4　新聞を読む

(9) 今年の春、九州の長崎＿＿＿＿、世界環境会議が開かれる予定である。
   1　において　　　　2　にかけて　　　　3　にわたって　　　4　について

(10) 今さら自分が選んだ道を変えることはできない。私が、映画監督の道を選んだのは、よくよく考えた＿＿＿＿ことなのだから。
   1　までの　　　　　2　うえでの　　　　3　ばかりの　　　　4　わけでの

⑪ この電車はいつもこんでいる。平日の朝夕＿＿＿＿＿＿、昼間も乗客でいっぱいである。
　　1　としたら　　　　2　のすえに　　　　3　にしては　　　　4　はもちろん

⑫ 彼女の突然の結婚を＿＿＿＿＿＿、さまざまなうわさが流れた。
　　1　こめて　　　　　2　めぐり　　　　　3　はじめ　　　　　4　つうじて

⑬ 会社に着くと、すぐ社長の部屋へ行く＿＿＿＿＿＿言われた。
　　1　ように　　　　　2　ために　　　　　3　だけに　　　　　4　ことに

⑭ 彼はもう２年も日本にいるというが、それにしては日本語を＿＿＿＿＿＿。
　　1　知っている　　　2　知らない　　　　3　話しづらい　　　4　話しがたい

⑮ 卒業後もアルバイトをして生活する若者が増えている。若い世代では、仕事＿＿＿＿＿＿の考え方が、変わってきているようである。
　　1　からには　　　　2　にたいして　　　3　をとわず　　　　4　もかまわず

⑯ 彼はいつも言う＿＿＿＿＿＿、なにもしようとしない。
　　1　とおりに　　　　2　ついでに　　　　3　ばかりで　　　　4　しだいで

⑰ 大事なことだから、忘れない＿＿＿＿＿＿メモしておこう。
　　1　うちに　　　　　2　だけに　　　　　3　ことで　　　　　4　もので

⑱ この学校には、イランやアフガニスタン＿＿＿＿＿＿イスラム教の国の留学生もいる。
　　1　とする　　　　　2　といった　　　　3　とすると　　　　4　といったら

⑲ 彼は暇な＿＿＿＿＿＿、実は寝る時間もないくらい忙しい毎日を送っているという。
　　1　ようで　　　　　2　ように　　　　　3　ようでは　　　　4　ようなら

⑳ 入院していた彼が、１か月＿＿＿＿＿＿自宅に戻った。
　　1　ごろに　　　　　2　ほどに　　　　　3　ぶりに　　　　　4　ぐらいに

問題V 次の文の_____にはどんな言葉を入れたらよいか。1・2・3・4から最も適当なものを 一つ選びなさい。

(1) 私が野球選手になったのは、ただ単純に野球が好きだったからに_____。
    1 ほかない   2 すぎない   3 ともなわない   4 かかわらない

(2) 仕事は信用が第一である。仕事で成功するためには、まず、他人から信用されるようになる
    _____。
    1 ほどである   2 からである   3 ことである   4 ところである

(3) 朝夕が冷え込んできたせいか、最近は起きるのが遅くなり_____。
    1 がたい   2 きれない   3 きりである   4 がちである

(4) ビザの期限が切れてしまったら、国へ帰るより_____。
    1 わけない   2 ことない   3 しかない   4 ほかない

(5) はっきり言わないと、誤解される_____。
    1 わけがある   2 ことである   3 おそれがある   4 しだいである

(6) あのまじめな山田さんが、友だちをだます_____。
    1 ことでもない   2 はずがない   3 ものにはしない 4 ほかではない

(7) まだ小学生の子どもを一人で映画を見に_____。
    1 行ったものではない   2 行かないものでもない
    3 行かせるものではない   4 行かれるものではない

(8) 専門家の話では、まだまだ景気は回復しそうにない_____。
    1 となることだ   2 ということだ   3 とならなくなる 4 とさせられている

(9) どんなに上手な先生でも、やる気のない学生には、教え_____。
    1 ざるをえない   2 ずにはいられない
    3 ようがない   4 なくもない

(10) この町では、ゴミを出す時、燃えるゴミと燃えないゴミとを分ける_____。
    1 ものになっている   2 ことになっている
    3 というものでもない   4 というべきである

問題Ⅵ　次の文の＿＿＿＿＿＿にはどんな言葉を入れたらよいか。1・2・3・4から最も適当なものを
一つ選びなさい。

(1)　医療技術の進歩にともない、平均寿命も＿＿＿＿＿＿という。
　　　1　のびている　　　　2　ちぢまっている　　3　はやまっている　　4　かわらずにいる

(2)　あの二人は仲が悪いらしく、人目＿＿＿＿＿＿けんかを始めたりする。
　　　1　もしらず　　　　　2　もかまわず　　　　3　もみずに　　　　　4　もかかわらず

(3)　あいさつをする時は、ちゃんと相手の目を見てする＿＿＿＿＿＿。
　　　1　ほどである　　　　2　こそである　　　　3　しだいである　　　4　ものである

(4)　彼は難しい性格だ。というのも、こちらが冗談を言っても、笑わない＿＿＿＿＿＿、逆に怒り出すか
　　らである。
　　　1　ものの　　　　　　2　かぎり　　　　　　3　ばかりか　　　　　4　ついでに

(5)　この会社は、新入社員の学歴を問わないそうだ。といっても、大学卒業者がまったくいないとい
　　う＿＿＿＿＿＿。
　　　1　のである　　　　　2　のはない　　　　　3　ことである　　　　4　ことではない

(6)　警察が取り締まりを強化したにもかかわらず、車のスピード違反は＿＿＿＿＿＿。
　　　1　なかなかなくならない　　　　　　　2　きっとなくなるだろう
　　　3　なくなるかもしれない　　　　　　　4　ありえないだろう

問題IV　次の文の＿＿＿＿にはどんな言葉を入れたらよいか。１・２・３・４から最も適当なものを
一つ選びなさい。

(1) このカメラはもう使えないのですが、私に＿＿＿＿、とても大事な思い出の品物なのです。
　　１　対して　　　　２　とって　　　　３　ついて　　　　４　よって

(2) 兄はお金がない＿＿＿＿、いつも高い洋服を着て、外見を気にしている。
　　１　もとに　　　　２　くせに　　　　３　かわりに　　　　４　ついでに

(3) 私はこの仕事が＿＿＿＿、20年も続けて来られたのだと思う。
　　１　すきなばかりか　２　すきなかわりに　３　すきだからこそ　４　すきといえば

(4) 彼女は、私が予想した＿＿＿＿、みごとに試験に合格してみせたのだった。
　　１　あまり　　　　２　すえで　　　　３　せいで　　　　４　とおり

(5) また、こちらに来られる＿＿＿＿、ぜひわが家にお寄りください。
　　１　ことには　　　２　上には　　　３　だけには　　　４　際には

(6) 自慢ではないけれど、私は、本を読む速さ＿＿＿＿だれにも負けない。
　　１　によって　　　２　にかけては　　３　にすれば　　　４　にあたり

(7) 用事があって銀行へ＿＿＿＿、駅前のデパートで買物をして帰った。
　　１　行ったとたん　２　行くだけ　　　３　行くかというと　４　行ったついでに

(8) 田中さん、今日は、学生時代の友だちに会う＿＿＿＿で、先に帰りましたよ。
　　１　とか　　　　２　なんて　　　　３　うえ　　　　４　のみ

(9) 夜が明ける＿＿＿＿、この道はだんだん人が多くなる。
　　１　につれて　　　２　にこたえて　　３　にもせよ　　　４　にわたって

(10) 宿題のレポートは、いちおう、書いた＿＿＿＿書いたんですが、枚数がたりないんです。
　　１　ところは　　　２　わけは　　　　３　ことは　　　　４　ほどは

(11) いなかは自然にめぐまれて環境がいい＿＿＿＿、交通が不便である。
　　１　最中　　　　２　以上　　　　３　どころか　　　　４　反面

(12) 東京には、浅草を＿＿＿＿、古い町がたくさんある。
　　１　もとに　　　　２　はじめ　　　　３　したがって　　　４　とわず

⑬　たまには温泉に入ってのんびりしたいけれど、私には、そんなひまも＿＿＿＿＿、お金もない。
　　　1　あれば　　　　　2　なければ　　　　　3　あったら　　　　　4　あらず

⑭　ただ今、田中は席をはずしておりますが、＿＿＿＿＿、ご連絡いたします。
　　　1　もどっては　　　　　　　　　　　2　もどったかと思うと
　　　3　もどり次第　　　　　　　　　　　4　もどった結果

⑮　日本語を学ぶ＿＿＿＿＿、日本の文化や日本人の考え方も知りたいと思う。
　　　1　ことには　　　　　2　ものの　　　　　3　以上は　　　　　4　わりには

⑯　最近、日本では大学生はもちろん、小学生＿＿＿＿＿携帯電話を持ち歩くようになった。
　　　1　なんか　　　　　2　やら　　　　　3　まで　　　　　4　こそ

⑰　私は、たとえ家族のみんなに＿＿＿＿＿、日本人の彼と結婚したい。
　　　1　反対されても　　　　　　　　　　2　反対されてからでないと
　　　3　反対されないうちに　　　　　　　4　反対されるだけあって

⑱　突然、ゆくえ不明になった少女の母は、心配の＿＿＿＿＿、病気になってしまった。
　　　1　ように　　　　　2　あまり　　　　　3　ところ　　　　　4　おかげで

⑲　これからもずっと忙しいので、もし、旅行に行ける＿＿＿＿＿、来年の夏になるだろう。
　　　1　からして　　　　　2　からは　　　　　3　とともに　　　　　4　としたら

⑳　あの人もずいぶん＿＿＿＿＿、離婚することを決めたんでしょう。
　　　1　悩みかけて　　　　　2　悩みぬいて　　　　　3　悩みかねて　　　　　4　悩みだして

問題V　次の文の＿＿＿＿にはどんな言葉を入れたらよいか。1・2・3・4から最も適当なものを
　　　　一つ選びなさい。

(1)　友だちの答えを書き写すだけでは宿題をした＿＿＿＿。
　　　1　ことにはならない　　2　ことにしたい　　3　ことになりうる　　4　ことよりほかない

(2)　このままガソリンが燃料の車を作りつづけると、地球環境はますます悪くなる＿＿＿＿。
　　　1　べきではない　　　2　まい　　　　　3　にすぎない　　　4　にちがいない

(3)　ダイエットのために、食事をへらすのはいいが、へらしすぎると病気に＿＿＿＿。
　　　1　なりえない　　　　2　なりきれない　　3　なりようがない　4　なりかねない

(4)　子どもにとって両親のなかが悪いことは、どれだけ悲しい＿＿＿＿。
　　　1　ほどだ　　　　　　2　わけか　　　　3　ことか　　　　　4　はずだ

(5)　都会で生活していると、運動不足に＿＿＿＿。
　　　1　しそうだ　　　　　2　なりがちだ　　3　なるせいだ　　　4　するものだ

(6)　来週、3年ぶりに帰国するが、早く家族の顔を＿＿＿＿。
　　　1　見たくてたまらない　　　　　　　　2　見るわけにはいかない
　　　3　見るにほかならない　　　　　　　　4　見ざるをえない

(7)　戦争のニュースを見るたびに、一日でも早く平和になることを＿＿＿＿。
　　　1　願ってはいられない　　　　　　　　2　願うどころではない
　　　3　願いようもない　　　　　　　　　　4　願わずにはいられない

(8)　この新しい電気自動車は、燃料に水素の化学反応を＿＿＿＿。
　　　1　利用しようとしたことだ　　　　　　2　利用することがある
　　　3　利用しようというものだ　　　　　　4　利用するものではない

(9)　男女平等の社会を作るためには、すべての女性に、男性と同じ、働くチャンスが＿＿＿＿。
　　　1　与えられないかのようだ　　　　　　2　与えられなければならない
　　　3　与えられるどころではない　　　　　4　与えられるおそれがある

(10)　二十歳になって大人の仲間入りをしたからには、親にたよらず、自分でやる＿＿＿＿。
　　　1　つもりはない　　2　わけはない　　3　しかない　　4　さえない

問題Ⅵ　次の文の＿＿＿＿にはどんな言葉を入れたらよいか。1・2・3・4から最も適当なものを
　　　一つ選びなさい。

(1)　A　「今度の土曜日、旅行に行くんですよ。」
　　　B　「へえ、いいですね。」
　　　A　「といっても、＿＿＿＿＿。」
　　　　1　ほんとうに楽しみなんですよ
　　　　2　初めての海外旅行なんですけど
　　　　3　やっと自由になれるんですよ
　　　　4　近くの温泉に行くだけなんですけど

(2)　親が入院したと聞いて、心配しない子どもはいない。できるものなら、＿＿＿＿＿。
　　　　1　子どもに心配をかけてはいけないと思うだろう
　　　　2　入院しないようにすべきだと思うだろう
　　　　3　すぐにお見舞いに行きたいと思うだろう
　　　　4　すぐに退院することはできないと思うだろう

(3)　先生「これ、きみが書いたのかね。」
　　　学生「はい。ぜひ、先生のご意見を＿＿＿＿＿。」
　　　　1　おうけたまわりになってください
　　　　2　おうけたまわりくださって、ありがとうございます
　　　　3　うけたまわってくださいませ
　　　　4　うけたまわりたいと存じます

(4)　日本のサラリーマンは、目上の人の前ではあまり自分の意見を言わない。だが、失敗をおそれる
　　　ことなく、＿＿＿＿＿。
　　　　1　言いにくいこともはっきり言うべきだ
　　　　2　言いにくいことは言うべきではない
　　　　3　言いにくいことも言わないではいられない
　　　　4　言いにくいことは言わざるをえない

(5)　私は教師として、できるだけ学生の意見を聞き、学生が安心して授業を受けられるよう努力して
　　　いる。しかし、そこまでせずに、＿＿＿＿＿。
　　　　1　授業を受けない学生もいる
　　　　2　授業だけですませる教師もいる
　　　　3　学生の意見を聞く教師もいる
　　　　4　意見を言わない学生もいる

索引

著者略歴

松岡龍美（まつおか　たつみ）

1959年山口県生まれ。

九州大学文学部国語学国文学科中退。

1988年より日本語教育に携わる。

辻　信代（つじ　のぶよ）

東京都生まれ。

昭和女子大学文学部英米文学科卒業。

1985年より日本語教育に携わる。

てっていぶんせき　　に ほん ご のうりょく し けん　　ぶんぽう　きゅう
徹底分析　日本語能力試験　文法2級

2006年9月30日　初版第1刷発行

著 者　松 岡 龍 美

辻　信　代

発行者　佐 藤 今 朝 夫

〒174-0056　東京都板橋区志村1-13-15

発行所　株式会社 **国書刊行会**

TEL.03（5970）7421（代表）　FAX.03（5970）7427

http://www.kokusho.co.jp

落丁本・乱丁本はお取替いたします。　　　　　　　　　ISBN4-336-04804-5

組版　㈱キャップス・印刷　㈱ショーエーグラフィックス・製本　㈲村上製本所

第1回　練習問題 (p.13)

Ⅰ (1) h　(2) i　(3) b　(4) g　(5) d　(6) j　(7) e　(8) c　(9) a
(10) f

Ⅱ (1) 1　(2) 2(5)　(3) 3　(4) 5(2)　(5) 1　(6) 2(5)　(7) 3
(8) 5(2)　(9) 4

第2回　練習問題 (p.15)

Ⅰ (1) g　(2) a　(3) b　(4) h　(5) c　(6) e　(7) d　(8) f

Ⅱ (1) 1　(2) 2　(3) 3　(4) 1　(5) 2　(6) 1　(7) 3　(8) 1

第3回　練習問題 (p.17)

Ⅰ (1) f　(2) a　(3) e　(4) c　(5) g　(6) d　(7) b　(8) h

Ⅱ (1) 1　(2) 2　(3) 4　(4) 3(4)　(5) 1　(6) 3(4)　(7) 2　(8) 4

第4回　練習問題 (p.19)

Ⅰ (1) c　(2) d　(3) g　(4) b　(5) h　(6) j　(7) a　(8) e　(9) i
(10) f

Ⅱ (1) 3　(2) 4　(3) 2　(4) 6　(5) 3　(6) 2　(7) 3　(8) 4／5
(9) 6　(10) 1

第5回　練習問題 (p.21)

Ⅰ (1) c　(2) a　(3) b　(4) e　(5) d　(6) g　(7) i　(8) f　(9) k
(10) l　(11) h　(12) j

Ⅱ (1) 6　(2) 1　(3) 4　(4) 5　(5) 4　(6) 2　(7) 5　(8) 3　(9) 1
(10) 5　(11) 3　(12) 2

第6回　練習問題 (p.23)

Ⅰ (1) a　(2) i　(3) b　(4) c　(5) h　(6) d　(7) j　(8) e　(9) f
(10) g

Ⅱ (1) 3　(2) 5　(3) 4　(4) 4　(5) 1　(6) 2　(7) 3　(8) 5　(9) 1
(10) 2　(11) 3

第1回　復習テスト (p.24)

(1) 2　(2) 4　(3) 3　(4) 3　(5) 4　(6) 1　(7) 2　(8) 2　(9) 4
(10) 2　(11) 3　(12) 1　(13) 1　(14) 2　(15) 2　(16) 4　(17) 1　(18) 3
(19) 1　(20) 3　(21) 2　(22) 3　(23) 4　(24) 4　(25) 2　(26) 3　(27) 4

第7回　練習問題 (p.27)

Ⅰ　(1) g　(2) a　(3) b　(4) c　(5) h　(6) i　(7) d　(8) e　(9) f

Ⅱ　(1) 6　(2) 5　(3) 1　(4) 3　(5) 4　(6) 1　(7) 5　(8) 4

(9) 2（3）（ようがなかった／ようもなかった）

第8回　練習問題 (p.29)

Ⅰ　(1) e　(2) f　(3) d　(4) c　(5) a　(6) b　(7) i　(8) g　(9) l

(10) h　(11) j　(12) k

Ⅱ　(1) 3　(2) 4　(3) 2　(4) 6　(5) 1　(6) 4　(7) 2　(8) 1　(9) 5

(10) 5　(11) 3　(12) 6　(13) 5

第9回　練習問題 (p.31)

Ⅰ　(1) c　(2) a　(3) e　(4) b　(5) h　(6) i　(7) f　(8) j　(9) d

(10) g

Ⅱ　(1) 4　(2) 5　(3) 2　(4) 1　(5) 3　(6) 5　(7) 3　(8) 1　(9) 4

(10) 2

第10回　練習問題 (p.33)

Ⅰ　(1) c　(2) a　(3) d　(4) h　(5) i　(6) j　(7) f　(8) k　(9) b

(10) e　(11) g

Ⅱ　(1) 3／3　(2) 1　(3) 5　(4) 2　(5) 6　(6) 4　(7) 2　(8) 1

(9) 5　(10) 6　(11) 4

第11回　練習問題 (p.35)

Ⅰ　(1) f　(2) a　(3) g　(4) c　(5) d　(6) h　(7) e　(8) b

Ⅱ　(1) 4　(2) 2　(3) 5　(4) 1　(5) 3　(6) 4　(7) 3　(8) 1　(9) 5

(10) 5　(11) 4　(12) 2

第2回　復習テスト (p.36)

(1) 3　(2) 4　(3) 1　(4) 3　(5) 4　(6) 2　(7) 4　(8) 3　(9) 2

(10) 1　(11) 4　(12) 1　(13) 3　(14) 1　(15) 1　(16) 1　(17) 4　(18) 3

(19) 1　(20) 2　(21) 4　(22) 1　(23) 3　(24) 2　(25) 4

第12回　練習問題 (p.39)

Ⅰ　(1) b　(2) f　(3) a　(4) c　(5) h　(6) g　(7) d　(8) e　(9) k

(10) i　(11) j

Ⅱ　(1) 5　(2) 6（1）　(3) 4　(4) 2　(5) 3　(6) 1（6）　(7) 3　(8) 2

(9) 1（6）　(10) 4　(11) 2　(12) 6（1）　(13) 5　(14) 6（1）

第 13 回　練習問題 (p.41)

Ⅰ　(1) d　(2) f　(3) h　(4) a　(5) g　(6) b　(7) e　(8) c

Ⅱ　(1) 4　(2) 1　(3) 3　(4) 3　(5) 1　(6) 2　(7) 4　(8) 3　(9) 2

第 14 回　練習問題 (p.43)

Ⅰ　(1) c　(2) f　(3) a　(4) g　(5) h　(6) i　(7) d　(8) j　(9) b

(10) e

Ⅱ　(1) 2　(2) 6　(3) 4　(4) 3　(5) 2　(6) 4／5　(7) 3　(8) 1

(9) 6　(10) 1

第 15 回　練習問題 (p.45)

Ⅰ　(1) c　(2) a　(3) f　(4) b　(5) d　(6) h　(7) e　(8) g　(9) i

(10) l　(11) j　(12) k

Ⅱ　(1) 4 (ぬいた)　(2) 1　(3) 6　(4) 5 (かけて)　(5) 3　(6) 4 (ぬかれた)

(7) 3　(8) 1 (かねて)　(9) 6　(10) 2　(11) 1 (かねる)　(12) 5 (かけた)

第 16 回　練習問題 (p.47)

Ⅰ　(1) d　(2) f　(3) e　(4) a　(5) c　(6) b　(7) j　(8) i　(9) h

(10) g

Ⅱ　(1) 2　(2) 5　(3) 3　(4) 4　(5) 1　(6) 4　(7) 3　(8) 5　(9) 1

(10) 2

第 17 回　練習問題 (p.49)

Ⅰ　(1) g　(2) d　(3) e　(4) h　(5) a　(6) j　(7) b　(8) i　(9) f

(10) c

Ⅱ　(1) 4　(2) 2　(3) 1　(4) 5　(5) 2　(6) 5　(7) 3 (しだいです)

(8) 4　(9) 1　(10) 3 (しだいな)

第 3 回　復習テスト (p.50)

(1) 4　(2) 4　(3) 2　(4) 1　(5) 3　(6) 3　(7) 1　(8) 2　(9) 3

(10) 4　(11) 3　(12) 1　(13) 2　(14) 4　(15) 2　(16) 4　(17) 3　(18) 1

(19) 2　(20) 4　(21) 2　(22) 3　(23) 4　(24) 3　(25) 2　(26) 1　(27) 4

第 18 回　練習問題 (p.53)

Ⅰ　(1) h　(2) c　(3) d　(4) b　(5) a　(6) i　(7) e　(8) f　(9) g

(10) k　(11) l　(12) j

Ⅱ　(1) 3　(2) 2　(3) 5　(4) 3 (7，5)　(5) 1　(6) 1　(7) 2　(8) 5

(9) 4　(10) 7 (3)　(11) 3 (7)　(12) 4　(13) 6

第 19 回　練習問題 (p.55)

Ⅰ (1) d (2) c (3) b (4) a (5) g (6) e (7) j (8) f (9) k
(10) i (11) l (12) h

Ⅱ (1) 1（2） (2) 4（5，6） (3) 2 (4) 5（4，6） (5) 3（2，1） (6) 1（2）
(7) 5（4，6） (8) 6（4） (9) 1（2） (10) 5（4，6） (11) 4（6） (12) 3

第 20 回　練習問題 (p.57)

Ⅰ (1) i (2) h (3) a (4) b (5) e (6) f (7) l (8) c (9) j
(10) g (11) d (12) k

Ⅱ (1) 6 (2) 4 (3) 2 (4) 1 (5) 3 (6) 5 (7) 4 (8) 1 (9) 2
(10) 6 (11) 3 (12) 5

第 21 回　練習問題 (p.59)

Ⅰ (1) h (2) a (3) b (4) f (5) c (6) e (7) i (8) g (9) d
(10) j

Ⅱ (1) 6／6 (2) 7 (3) 3 (4) 2 (5) 4 (6) 7 (7) 1 (8) 6／6
(9) 4 (10) 4 (11) 3 (12) 5

第 22 回　練習問題 (p.61)

Ⅰ (1) d (2) j (3) a (4) c (5) b (6) e (7) f (8) i (9) g
(10) h

Ⅱ (1) 2 (2) 1 (3) 3（4） (4) 4（3） (5) 5 (6) 4（3） (7) 1
(8) 2 (9) 5 (10) 3

第 4 回　復習テスト (p.62)

(1) 2 (2) 4 (3) 1 (4) 4 (5) 1 (6) 2 (7) 3 (8) 4 (9) 3
(10) 4 (11) 4 (12) 3 (13) 1 (14) 3 (15) 4 (16) 4 (17) 2 (18) 3
(19) 1 (20) 4 (21) 3 (22) 1 (23) 3 (24) 2 (25) 2 (26) 4 (27) 3

第 23 回　練習問題 (p.65)

Ⅰ (1) c (2) a (3) b (4) f (5) h (6) d (7) e (8) g (9) k
(10) l (11) j (12) i

Ⅱ (1) 1 (2) 1 (3) 2 (4) 4 (5) 5 (6) 3 (7) 6 (8) 3 (9) 4
(10) 5 (11) 1 (12) 6 (13) 2

第 24 回　練習問題 (p.67)

Ⅰ (1) b (2) e (3) g (4) a (5) f (6) d (7) i (8) c (9) j
(10) h (11) l (12) k

Ⅱ (1) 5 (2) 2 (3) 3 (4) 5 (5) 4 (6) 1 (7) 3 (8) 6 (9) 2
(10) 1 (11) 4 (12) 6

第 25 回　練習問題 (p.69)

Ⅰ (1) c　(2) e　(3) b　(4) h　(5) a　(6) d　(7) i　(8) f　(9) j
(10) g

Ⅱ (1) 2　(2) 1／1　(3) 4　(4) 3　(5) 5　(6) 1　(7) 5　(8) 2
(9) 3　(10) 4

第 26 回　練習問題 (p.71)

Ⅰ (1) d　(2) c　(3) b　(4) a　(5) g　(6) i　(7) h　(8) j　(9) l
(10) f　(11) e　(12) k

Ⅱ (1) 2　(2) 6　(3) 4　(4) 5　(5) 6　(6) 7　(7) 3　(8) 7　(9) 1
(10) 5　(11) 2　(12) 1

第 27 回　練習問題 (p.73)

Ⅰ (1) f　(2) a　(3) h　(4) b　(5) g　(6) e　(7) c　(8) d

Ⅱ (1) 3　(2) 5　(3) 1　(4) 4　(5) 2　(6) 5　(7) 4　(8) 3

第 28 回　練習問題 (p.75)

Ⅰ (1) d　(2) g　(3) b　(4) c　(5) j　(6) e　(7) a　(8) l　(9) k
(10) f　(11) i　(12) h

Ⅱ (1) 4　(2) 6／6　(3) 1（2）　(4) 5（4）　(5) 3　(6) 4（5）　(7) 1（2）
(8) 6／6　(9) 2（1）　(10) 3　(11) 5　(12) 2（1）

第 5 回　復習テスト (p.76)

(1) 3　(2) 4　(3) 2　(4) 1　(5) 4　(6) 2　(7) 3　(8) 1　(9) 3
(10) 4　(11) 2　(12) 4　(13) 1　(14) 3　(15) 1　(16) 3　(17) 2　(18) 4
(19) 1　(20) 3　(21) 2　(22) 3　(23) 1　(24) 4　(25) 4　(26) 2　(27) 3

第 29 回　練習問題 (p.79)

Ⅰ (1) b　(2) a　(3) f　(4) c　(5) d　(6) e　(7) h　(8) i　(9) j
(10) g

Ⅱ (1) 4　(2) 4（5）　(3) 2　(4) 1　(5) 3／2　(6) 4　(7) 3／2
(8) 1　(9) 2　(10) 5（4）

第 30 回　練習問題 (p.81)

Ⅰ (1) h　(2) e　(3) b　(4) c　(5) d　(6) i　(7) a　(8) g　(9) j
(10) f

Ⅱ (1) 2　(2) 1／1　(3) 4　(4) 3　(5) 5　(6) 1／1　(7) 3　(8) 4
(9) 5　(10) 2

第 31 回　練習問題 (p.83)

Ⅰ (1) e　(2) a　(3) k　(4) f　(5) b　(6) h　(7) c　(8) d　(9) j
(10) i　(11) l　(12) g

Ⅱ (1) 6　(2) 5　(3) 1　(4) 3　(5) 2　(6) 4　(7) 4　(8) 6　(9) 1
(10) 3　(11) 5　(12) 2

第 32 回　練習問題 (p.85)

Ⅰ (1) c　(2) a　(3) b　(4) i　(5) d　(6) g　(7) f　(8) e　(9) k
(10) h　(11) l　(12) j

Ⅱ (1) 2　(2) 5　(3) 6　(4) 1　(5) 4　(6) 3　(7) 2　(8) 1　(9) 5
(10) 3　(11) 6　(12) 4

第 33 回　練習問題 (p.87)

Ⅰ (1) c　(2) f　(3) d　(4) a　(5) b　(6) j　(7) e　(8) i　(9) h
(10) g

Ⅱ (1) 4　(2) 3　(3) 1　(4) 2　(5) 4　(6) 5　(7) 2　(8) 3　(9) 1
(10) 5

第 6 回　復習テスト (p.89)

(1) 3　(2) 4　(3) 2　(4) 4　(5) 1　(6) 3　(7) 2　(8) 4　(9) 3
(10) 1　(11) 3　(12) 2　(13) 4　(14) 2　(15) 4　(16) 2　(17) 3　(18) 1
(19) 4　(20) 2　(21) 3　(22) 1　(23) 4　(24) 2　(25) 4　(26) 2　(27) 4
(28) 2　(29) 4

敬語表現　練習問題 (p.97)

(1) 2　(2) 4　(3) 2　(4) 1　(5) 4　(6) 3　(7) 1　(8) 4　(9) 4
(10) 3　(11) 2　(12) 4

第 1 回　予想問題 (p.102)

問題Ⅳ

(1) 4　(2) 3　(3) 4　(4) 3　(5) 4　(6) 1　(7) 2　(8) 3　(9) 3
(10) 3　(11) 4　(12) 2　(13) 3　(14) 1　(15) 1　(16) 2　(17) 2　(18) 4
(19) 1　(20) 3

問題Ⅴ

(1) 3　(2) 3　(3) 2　(4) 1　(5) 1　(6) 2　(7) 4　(8) 2　(9) 4
(10) 2

問題Ⅵ

(1) 1　(2) 4　(3) 1　(4) 2　(5) 2

第2回　予想問題 (p.106)

問題Ⅳ

(1) 2	(2) 3	(3) 2	(4) 2	(5) 3	(6) 1	(7) 2	(8) 3	(9) 3
(10) 2	(11) 1	(12) 4	(13) 4	(14) 1	(15) 2	(16) 4	(17) 4	(18) 1
(19) 1	(20) 1							

問題Ⅴ

(1) 1	(2) 4	(3) 4	(4) 1	(5) 4	(6) 4	(7) 4	(8) 2	(9) 3
(10) 1								

問題Ⅵ

(1) 1	(2) 4	(3) 3	(4) 4	(5) 3

第3回　予想問題 (p.110)

問題Ⅳ

(1) 2	(2) 2	(3) 4	(4) 1	(5) 4	(6) 3	(7) 2	(8) 2	(9) 2
(10) 2	(11) 1	(12) 4	(13) 2	(14) 1	(15) 2	(16) 2	(17) 4	(18) 2
(19) 2	(20) 4							

問題Ⅴ

(1) 2	(2) 4	(3) 1	(4) 2	(5) 1	(6) 4	(7) 1	(8) 2	(9) 3
(10) 3								

問題Ⅵ

(1) 2	(2) 2	(3) 3	(4) 3	(5) 2

第4回　予想問題 (p.114)

問題Ⅳ

(1) 3	(2) 3	(3) 2	(4) 2	(5) 1	(6) 3	(7) 2	(8) 3	(9) 3
(10) 1	(11) 1	(12) 2	(13) 4	(14) 2	(15) 3	(16) 2	(17) 2	(18) 2
(19) 2	(20) 1							

問題Ⅴ

(1) 2	(2) 4	(3) 4	(4) 1	(5) 1	(6) 4	(7) 4	(8) 2	(9) 2
(10) 1								

問題Ⅵ

(1) 1	(2) 4	(3) 3	(4) 2	(5) 2

第5回　予想問題 (p.118)

問題Ⅳ

(1) 3	(2) 2	(3) 1	(4) 1	(5) 2	(6) 1	(7) 2	(8) 1	(9) 4
(10) 4	(11) 4	(12) 4	(13) 4	(14) 4	(15) 2	(16) 1	(17) 3	(18) 2
(19) 1	(20) 2							

問題V

(1) 4 (2) 1 (3) 2 (4) 1 (5) 4 (6) 4 (7) 4 (8) 1 (9) 3

(10) 1

問題Ⅵ

(1) 1 (2) 4 (3) 3 (4) 4 (5) 3

第6回 予想問題 (p.122)

問題Ⅳ

(1) 2 (2) 2 (3) 4 (4) 4 (5) 2 (6) 2 (7) 2 (8) 1 (9) 1

(10) 2 (11) 4 (12) 2 (13) 1 (14) 2 (15) 2 (16) 3 (17) 1 (18) 2

(19) 1 (20) 3

問題V

(1) 2 (2) 3 (3) 4 (4) 4 (5) 3 (6) 2 (7) 3 (8) 2 (9) 3

(10) 2

問題Ⅵ

(1) 1 (2) 2 (3) 4 (4) 3 (5) 4 (6) 1

第7回 予想問題 (2005年類題) (p.126)

問題Ⅳ

(1) 2 (2) 2 (3) 3 (4) 4 (5) 4 (6) 2 (7) 4 (8) 1 (9) 1

(10) 3 (11) 4 (12) 2 (13) 2 (14) 3 (15) 3 (16) 3 (17) 1 (18) 2

(19) 4 (20) 2

問題V

(1) 1 (2) 4 (3) 4 (4) 3 (5) 2 (6) 1 (7) 4 (8) 3 (9) 2

(10) 3

問題Ⅵ

(1) 4 (2) 3 (3) 4 (4) 1 (5) 2

徹底分析
日本語能力試験
文法 2級

解 答

国書刊行会